KB039890

치유상담 전문가 손매남 박사의

뇌를 알면 행복이 보인다

손매남

　마음이 어디 있냐고 물으면 가슴에 손을 대고, 정신이 어디 있냐고 물으면 머리에 손을 대던 때가 엊그제 같은데, 세월은 참으로 빠르게 흐른다는 것을 통감한다. 왜냐면 이제 사람들이 마음과 정신을 물으면 뇌를 가리키기 때문이다.

　최근 들어 뇌 과학에 관련된 서적들이 급격히 늘어나고 그와 관련된 강의가 큰 인기를 끌고 있는데, 이는 뇌 과학의 발전이 우리의 손에 쉽게 와 닿아있고, 인간의 마음이나 정신을 이해하고 탐구하는 데 결정적인 역할을 하고 있기 때문이다.

　우리나라에서도 '뇌연구 촉진법'이 제정되어 뇌 연구 단지를 조성하는 것은 대단히 고무적인 일이라 생각된다. 인류의 모든 지식이 뇌에서 시작되고 우리의 문화도 뇌에서 나온다는 것은 자명한 사실이다.

　요즘 세대의 우울증 증가와 스스로 생명을 끊기도 하는 사고들은 모두 뇌에서부터 시작된다. 인간의 희로애락이 뇌에서부터 나오고, 부정적인 생각이나 먹고 자고 분노하고 공격하는 것도 뇌에서부터 나온다는 사실을 볼 때, 이제는 뇌를 알지 않고서는 살 수 없는 시기가 된 것이다.

뇌의 영상 기법도 고도로 발달되어서 뇌가 활동하는 것을 찍을 수 있는 시대가 되어, 앞으로 뇌 과학이 더 발달하면 우리가 무엇을 생각하고 있는지도 밝혀내지 않을까 우려가 된다.

인간의 행복도, 불행도 선택이다. 어떤 이에게는 가혹할 수 있는 말이 되겠지만, 이러한 선택은 각자의 뇌에서 이루어지기 때문이다. 상담과 정신 치료를 해온 지 많은 세월을 거치면서, 지금 우리의 정서나 인지나 행동이 모두 뇌에서 일어난다는 과학적 증거는 결국, 뇌를 알면 치유가 보인다는 결과로 이어진다.

10여 년 동안 기독교 방송인 극동방송에서 '손매남 박사의 정신건강'과 월간 Insurance에 8년간 실었던 글들을 모아 이번에 책으로 엮어서 일반 독자들과 쉽게 만나고자 한다.

나의 치유상담 사역 30주년을 맞아 함께 노력해 주시고, 무엇보다 이 글의 중복된 문장들이 너무 많아 글을 다듬고, 솎고, 진땀 흘리신 나의 사랑하는 동역자인 노인복지전문가 한남대 임춘식 교수의 도움에 심심한 감사를 드린다.

　　아울러 지금도 방송이 지속되고 있는 극동방송의 김장환 이사장님, 담당 PD들과, 매월 졸고를 연재해 주시는 Insurance 서광식 사장님께도 감사를 드린다. 원고의 기초 작업을 해주신 이희순 교수와 조교들께도 감사드리며, 특히 이 책이 세상에 나와 독자들과 소통할 수 있도록 배려해주신 도서출판 피앤피북 최영민·김성민 사장님과 임직원들께도 심심한 감사를 표한다.

2015년 10월 10일
한국상담개발원에서
손 매 남

차례
CONTENTS

02

뇌를 알면 치유가 보인다

03

사랑은 바람을 타고

04

숙면은 건강의 바로미터

05

우울증, 뇌의 질병이다

06

그것도 병이다

07

건강한 성장, 사랑에서 시작된다

01

뇌는 감정을 결정한다

불안의 뇌,
자아 기능을 약화시킨다

　　　　　　　불안은 정상적인 정서이면서 또 한편 정신적 이상을 알려주는 신호다. 왜냐하면 불안은 정신 병리의 초석이기 때문에 조속히 처리되지 않으면 어떤 다른 여러 가지 정신장애로 연결될 수 있기 때문에 아주 중요한 정서가 된다.

　특히 어릴 때 불안의 형성은 아동기, 청소년기, 성인기에 크게 영향을 미칠 수 있기 때문에, 어릴 때 부모의 따뜻한 보호와 안정된 사랑의 보살핌은 자녀의 정신건강에 초석이 된다. 어린 시절 불안을 야기하는 원인은 다양하다.

부모와의 분리, 유기, 무관심, 거부, 학대 등은 어릴 때 가장 큰 스트레스이며 이러한 환경이 자아 기능을 약화시켜 정신 병리를 야기하는 원동력이 된다.

어린 시절의 스트레스나 지속적인 스트레스는 해마와 편도체를 포함하는 뇌 영역의 부피를 감소시켜 기억의 결핍이나 정서 조절에 문제를 일으킨다. 특히 1세 미만의 영아가 무관심 속에 방치되거나 학대 받으면 전두엽 발달장애가 생겨서 반사회성, 충동적, 공격적이 된다.

태어난 지 얼마 안 된 아이에게 가장 큰 스트레스는 어머니와의 분리(헤어짐)이다. 이러한 스트레스는 울음을 형태로 표현되며 이것은 즉각적인 어머니의 반응을 유도해 아기의 스트레스를 없앤다. 그러나 어머니의 반응이 적절치 못하면 아기의 뇌에 영구적인 문제를 일으킬 수 있다.

유아기에 스트레스 호르몬이 많이 유지되면 뇌 발달에 부정적인 영향을 미치고 스트레스에 반응하는 조절 능력을 취약하게 만들어 성인이 되어 여러 가지 문제를 일으키게 된다.

꞉▪ 불안하면 자아는 심리적으로 방어기제를 만든다

인간은 불안하면 누구나 심리적으로 방어기제를 선택하여 행동하는데, 특히 한국인이 잘 사용하는 방어기제가 있다. 그것은 바로 투사이다. 이는 자신의 잘못을 인정하지 않고 모든 일을 남의 탓으로 돌리는 방어기제다.

가령 집안이 잘못되면 조상 탓을 한다거나 묘를 잘 못 써서 그렇다는 식이다. 또한, 교회가 성장하지 못하는 것은 성도 탓이라든지, 지각하고서 버스 운전기사에게 책임을 전가한다든지, 시험 성적이 나쁜 것은 출제자가 문제라는 식으로, 자기 비행의 원인이 남에게 있다고 비난하는 것이 바로 투사의 좋은 예이다.

성경에도 보면 "하나님이 주셔서 나와 함께 한 여자가 그 나무 실과를 내게 주므로 내가 먹었나이다."(창3:12) 아담은 자기 자신의 범죄에 대해 초조함을 느꼈기 때문에 하나님께서 주신 하와에게 죄를 투사시킴으로써 자신을 방어하고 있는 것이다. 인간이 한 최초의 투사라 할 수 있다.

투사는 매우 병적이며 심각한 방어기제로 즉, 정신병의 방어기제이다. 편집증이나 피해망상, 알코올 중독 환자에게 흔히 볼 수 있는데, 우리는 이런 방어기제를 서슴없이 사용하고 있다.

또 하나 한국인이 많이 쓰는 방어기제는 신체화이다. 이는 심리적 갈등이 신체의 부위의 증상으로 표출되는 것을 말한다. 우리는 사촌이 땅을 사면 배가 아프다고 한다.

형제나 친척, 친구가 잘되면 격려하거나 칭찬하는 것이 아니라 오히려 신경증의 한 증상인 배가 아프다는 것이다. 어느 민족에서도 볼 수 없는 보기 드문 미성숙한 정신 방어기제를 사용하고 있다.

그리고 억압이라는 방어기제도 잘 사용한다. 고통스러운 일이나 생각, 감정, 기억을 의식적으로 억누르는 무의식적 방어기제로 건강한 사람들에게 가장 보편적인 방어기제이다. 그러나 억압이 많을수록 신경증이 된다.

우리나라에서 유일하게 볼 수 있는 억압의 병이 화병이다. 이 병은 미국 정신의학회가 발행한 정신장애 진단 및 통계 편람의 4판에(DSM-IV), 한국 여성에게 발생되는 화병으로 정식 등록되어 소개하고 있다.

이 병은, 밖으로 나타내는 것이 부끄러워서 계속 억압하다가 10년이나 15년이 지나면 발병되는데, 가령 교회 사모님이 억압을 많이 해서 신경증으로 고통을 받는 경우가 많다고 한다.

예수님이 이 땅에 오신 것은 우리를 자유롭게 하시기 위해 오셨다. 그래서 예수님은 "진리가 너희를 자유케 하리라."라고 말씀하셨다.

■ 신경증의 기본 원인은 불안에서 시작된다

누군가는 불안이 모든 노이로제의 어머니라고 말한 적도 있다. 불안에는 환경에 적응하지 못한 데서 오는 불안, 대인관계의 긴장이나 갈등에서 오는 불안, 생활의 어려움에 대한 반응으로서의 불안, 치열한 입시 경쟁에서의 불안이나 취업 불안, 직장에서의 실적 불안, 그리고 생리적 불안 등이 있다.

가정에서 발생되는 불안도 흔하다. 끊임없는 부모의 가정불화에서 오는 불안, 과잉보호나 편애하는 부모에게서 자라거나, 거부당한다든가 일관성 없이 모순된 태도를 보이는 부모 밑에서 성장한 경우 항상 공포와 긴장감 속에서 불안이 누적된다.

따라서 각 신경증은 스트레스 환경에서, 출생 후 6세 미만까지 형성되며, 내적 심리적 균형의 종류에 따라 그 종류도 달라진다.

신경증의 한 가지 공통된 특징이 불안이다. 그래서 이 불안함을 어떻게 처리하느냐에 따라 불안신경증(불안장애), 공포신경증(공포장애), 강박신경증(강박장애), 우울신경증(우울장애), 히스테리 신경증(해리장애) 등으로 분류한다.

▪ 불안한 사람들의 뇌

대뇌 변연계의 위쪽에 자리 잡고 있는 여러 핵들을 일컬어 기저핵이라 부르는데, 기저핵은 대뇌피질에서 오는 정보를 뇌간과 소뇌를 중계하면서 신체의 움직임을 원활하게 조종한다. 우리는 기저핵을 불안 센터라 부르기도 한다.

기저핵은 시상 다음으로 뇌의 깊숙한 위치에 자리 잡고 있으며, 정신과 감정 그리고 신체의 움직임을 균형 있게 융합하는 역할을 한다. 사람이 흥분하면 발을 구르고, 극도로 신경질이 나면 부들부들 떨고, 무서우면 등골이 오싹해지는 것 등은 기저핵에서 감정과 세심한 신체의 움직임을 균형 있게 나타내는 증거이다.

불안 신경증(범불안장애)이 있는 사람들이나 공황발작(공황장애) 환자 그리고 외상 후 스트레스 장애, 광장공포증, 뚜렛 장애, 운동틱(음성틱), 파킨슨병, 무도병 등의 환자들은 이 기저핵이 과잉으로 활성화되어 있다.

또한, 뇌의 기저핵이 과잉으로 활성화되면 불안하고 초조해지며, 미래를 최악의 형태로 예측하는 경향이 있다. 그리고 근육, 긴장 및 통증, 글쓰기 장애, 두통, 인지적 비 융통성, 갈등 회피 등의 증상을 초래한다.

불안을 유발하는 상황에서 기저핵이 과잉 활성화된 대부분의 사람들은 두려움에 사로잡혀 꼼짝없이 집에만 있도록 만들기도 한다. 요즘 메르스 전염병이 한국 사회를 급습하고 있다. 그래서 일부 학부모들은 아이를 학교에 보내지 않고 집에만 있게 하는데, 이러한 상태는 광장공포증에 해당한다. 공황발작의 두려움으로 수년 동안 집밖을 나가지 못하는 경우가 여기에 속한다.

특정한 이유 없이 불안과 공포를 느낀다든가, 해리 장애를 일으킨 사람들은 측두엽의 이상 기능을 확인할 수 있다. 기저핵의 과잉 활성화나 측두엽의 기능 장애는 신경전달물질인 GABA의 부족에 기인하는 것으로 알려져 있다. 특히 공포증이나 PTSD 그리고 강박 장애에 걸린 사람들은 전대상회가 과잉 활성화될 수 있다.

결국 불안 기능은 뇌가 하는 것이다. 따라서 뇌의 기능을 알면 치유가 쉬워진다. 긍정적인 생각이나 운동, 스트레스에서 자유로워지려면 뇌를 안정시켜야 한다.

분노의 뇌,
스트레스가 문제다

　　　　　　인제대 스트레스 센터의 성인 남녀 7,000명을 대상으로 한 연구 결과에 의하면, 스트레스를 받을 때 나타나는 한국인의 주반응이 바로 분노라는 조사 결과가 나왔다. 분노는 스트레스 증상 중 하나이다.

　　외국의 경우는 스트레스에 대해 주로 무력감, 우울, 불안 등의 정서 반응을 보이는데 반해, 우리나라 사람들은 분노 지향형 반응을 보여 외국의 경우와 비교되는 양상을 보이고 있다. 우리나라 사람들은 스트레스 자극을 받게 되면 속이 화끈거리고 뒷목이 당기는 등 몸으로 나타나는 분노

반응이 많은 것으로 조사되었다.

　최근 우리 사회에서는 분노 충동에 의한 범죄가 끊이지 않고 있어 사회적 병리를 야기하는 원인이 되는데, 이는 그만큼 분노 조절이 갈수록 어려워지고 있다는 것을 나타낸다. 폭발적인 분노로 다섯 명 중 한 명이 통제 불가능한 분노를 경험하고 있다고 한다. 현재 병원에서 치료받는 분노조절장애 환자는 2009년에 3,700명이었지만 2013년에는 4,934명으로 늘어나고 있다.

▪▪ 분노를 표현하는 4가지 방식

　먼저, 공격형 분노가 있다. 이는 자신의 뜻대로 되지 않을 때나 비난, 비판에 민감하게 반응할 때 나타난다. 고함을 지르거나 욕을 하거나 폭력, 무시, 모욕, 위협 등으로 나타나며, 주로 남성에게 많이 나타나지만 여성에게도 있다.

　두 번째는 수동형 분노가 있다. 화를 숨기려고 할 때나, 겁이 나거나 관계 악화를 두려워할 때 나타나며, 늦게 들어오거나 담배, 술, 약물을 남용하기도 하고, 잠을 자거나 폭식, 수다 등으로 나타나기도 한다. 보통 여성에게 많이 나타나지만 남성도 수동형 분노를 보일 때가 있다.

　세 번째로 수동 공격형 분노가 있는데, 이는 자신 의사를 표현하지 않고 뒤에서 보복하는 형태이다. 비협조적이거나 선동을 하기도 하고, 험담이나 상대방이 원하는 것을 해주지 않는다.

마지막으로, 분노를 적극적으로 표현하는 유형이 있는데, 상대방이 자기 마음을 읽어주기를 기다리지 않고 자신의 요구를 직접적으로 솔직하게 밝힌다. 그러면서 즉시 상대방의 요구와 감정을 고려한다.

░▪ 분노가 건강에 미치는 영향

분노는 공격성을 유발하여 부부관계를 파괴시켜 이혼에 이르게도 하고 인간관계를 파괴하기도 한다. 그뿐 아니라 이러한 분노는 자녀들에게도 전이되는데, 이를 적대적 동일시라고 한다.

또한 신체적 고통도 유발한다. 위장병, 고혈압, 화병, 우울증, 자살, 살인 등이 일어날 수 있다. 여성의 경우 특히 두통, 복통, 천식으로 나타나며, 자주 화내는 사람의 경우는 유방암의 위험성이 높아진다. 그리고 분노로 인해 스트레스 호르몬이 증가하면 혈관이 수축되고 혈전을 만들기도 하여, 돌연사를 일으키는 심장질환이나 고혈압의 위험성이 높아진다.

░▪ 충동적 분노는 대인관계를 망친다

분노나 불안에 휩싸이면 뇌의 노르아드레날린(noradrenaline) 신경이 활성화되어 노르아드레날린이 왕성하게 분비된다. 그 결과 화를 억누르지 못하고 충동적인 행동을 하게 된다. 이는 세로토닌(serotonin) 신성이 약화되어서 노르아드레날린 신경을 억제하지 못해서 생기는 현상이다. 따라서 세로토닌 신경을 강화시키면 신속하게 평상심을 회복할 수 있다.

▪ 분노는 뇌 기능에 영향을 미친다

사람이 분노하면 직접적으로 뇌에 영향을 미친다. 특히 이성적 판단과 행동을 주관하는 것이 전두엽인데, 좌측 전두엽 부위의 혈액 순환이 잘 이뤄지지 않으면 뇌 세포의 활성이 떨어지면서 뇌가 손상된다. 결국 분노는 전두엽의 기능을 저하시키고 뇌 세포를 손상시켜 급기야는 뇌가 쪼그라든다.

그뿐 아니라 뇌에서 감정을 생성하는 부분은 변연계인데, 사람이 분노하거나 흥분할 때, 공격적 행동을 할 때, 이 변연계가 과잉으로 활동하여 부정적 사고와 정서가 고조되어서 유대 관계는 깨지고 우울하거나 조울증을 일으키기도 한다. 또한, 측두엽의 기능 장애로 이유 없이 화를 자주 내거나 짜증을 내며 폭력적 성향을 보이기도 하는 경우가 있다.

우리가 흥분하면 발을 차거나 극도로 신경질이 나면 부들부들 떨고, 무서우면 등골이 오싹해지는 등의 현상은, 뇌의 기저핵이 과잉 활성화되어서 나타나는 것이다. 한 가지 일만 고수한다든가 적대적 행동을 할 때, 자기 생각대로 어떤 일을 고수하다가 뜻대로 안될 때, 화를 낼 때는 (전)대상회가 과잉 활동을 보인다.

가령, 운전하면서 화를 벌컥 낼 때는 전대상회가 과잉 활성화된다. 이처럼 분노(화)하는 경우에는 뇌의 여러 부위에 문제가 생긴다.

분노하면 전전두피질에 기능 장애가 발생한다. 변연계는 과잉 활성화되고 좌측 기저핵의 활성화가 일어나서 측두엽에도 기능 장애가 생긴다. 충동적인 분노는 부신수질의 아드레날린에 의해서 발생하는데, 이때 세로토닌의 신경을 활성화시키면 진정된다.

사랑의 뇌,
사랑과 감정을 활성화시킨다

뇌 영상 기법의 놀라운 발전에 힘입어 뇌와 정서의 관계를 밝히는 흥미로운 결과를 얻게 되었다. 인간의 기초 정서는 희, 노, 애, 락 그리고 혐오감과 공포 등으로 나누어 생각하는데, 이러한 정서는 우리의 얼굴 표정으로 모두 드러난다. 기초 정서들이 적절한 조합을 이루면서 질투, 미움, 애증과 같은 감정들이 유발되는 것이다.

∷▪ 사랑의 감정은 뇌에 영향을 준다

영국 런던의 어느 대학교 인지 과학자들은, 사랑에 빠져 있는 사람들이

애인의 사진을 볼 때 어느 뇌가 활동하는지를 기능적 자기공명영상(MRI)을 찍어 연구했다.

17명의 참가자들이 애인의 사진을 볼 때, 사랑의 감정을 얼마나 강하게 느끼는지를 9점 척도로 평가하였는데 7.46점을 얻었고, 친구들 사진을 보는 사람들은 3.2점을 얻었다.

사랑의 감정으로 뇌가 활성화되는 부분을 MRI를 통해 발견하였는데, 그곳은 바로 내측 도(島), 전측 대상피질 그리고 미상핵과 피각 등의 활동이 증가하였다. 이와 대조적으로 우반구의 후측 대상피질과 편도체, 그리고 전전두피질 일부의 활동은 오히려 감소되었다.

한 가지 기능을 하기 위해 여러 부위가 함께 관여하는 것이 뇌의 일반적인 원리인데, 사랑의 감정을 느끼는 뇌의 기능도 여러 부위가 존재하고 있음을 증명하는 셈이다. 사실 뇌의 어느 한 부위가 딱 하나의 기능만을 하는 경우는 별로 없다.

사랑의 감정이 클수록 뇌가 활성화된다

첫 번째 관여하는 보상 시스템은 미상핵이다. 이는 운동 조절에 관여하는 구조물인데, 사랑을 느낄 때 미상핵이 활성화되는 것은 뜻밖의 일이다.

보상 시스템은 정서 작용과 관련되는 변연계에 주로 위치하고 있으며 뇌의 여러 부위와 연결되어 있다.

사랑의 감정에 관여하는 두 번째 보상 시스템은 복측 피개 영역이다.

이 부위(VTA)에서는 신경전달물질인 도파민을 생성하며 미상핵 등 다른 영역으로 공급한다.

도파민은 뇌의 쾌감 중추에서 기쁨과 행복을 불러온다. 도파민은 음식을 먹거나 성관계를 가질 때처럼 쾌감을 느낄 때에도 분비된다. 애인 사진을 볼 때 (남녀의 뇌 활동을 관찰해 보면) 쾌감 중추가 마약을 복용했을 때처럼 행복감을 느끼는 도파민으로 가득 차는 이유도 그 때문이다. 이처럼 막 사랑에 빠진 사람들은 애인 생각만 해도 도파민이 분비되어 찌릿한 행복감에 도취되고 성욕에 불이 붙는다.

편도체는 정서, 특히 공포 센터인데, 공포 등의 부정적 정서의 습득과 표현에 중요한 기능을 한다. 사랑의 감정을 느낄 때 또는 애인의 사진을 볼 때는 안정감이나 행복감을 느끼기 때문에 부정적 정서가 없어서 편도체의 활동은 감소한다. 그리고 사랑을 느낄 때 대상피질(뇌량 주위를 띠 모양으로 둘러싸고 있다는 의미에서 대상피질이라 부른다) 전측부의 활동이 증가하고 후측부의 활동은 감소했다고 한다. 이는 사랑의 감정을 느낄 때, 전측 대상피질이 활성화된다는 사실이 이미 증명된 바 있다.

▓▓ 사랑에 빠지면 호르몬 변화가 생긴다

제일 먼저 변연계의 신경세포에 "페닐에틸아민(PEA)"이 가득 채워진다. 열정의 호르몬 PEA이 분비되어 상대에게 혼이 빠지고 황홀감을 느끼게 된다. 이런 사랑에 빠지면 이성적 판단이 어려워져, 저 사람이 아니면 죽는다고 말을 하기도 한다. 이때 결혼하면 위험하다.

PEA는 신경세포의 정보 교환을 촉진시키는 화학 분자로 천연의 암페타민(Amphetamine)이다. 암페타민은 중추신경을 자극하는 각성제로 사용되는데, PEA는 암페타민처럼 뇌를 자극하기 때문에 연인들은 행복감에 도취되어 넘치는 에너지로 밤새 마주보고 앉아 이야기해도 지칠 줄 모르며 몇 시간이고 되풀이해서 교감을 나누는 것이다.

▪ 사랑은 세 가지 독립된 감정으로 구성된다

욕망과 로맨틱한 사랑, 그리고 장기간의 애착이다. 이러한 감정은 단계적이거나 동시에 일어날 수 있으며 욕망은 성교 행위로, 로맨틱한 사랑은 부부관계로, 장기간의 애착은 자식의 출산과 양육으로 귀결될 수 있다.

섹스를 하고 싶은 욕망에 사로잡힐 때에는 뇌 안에서 도파민을 비롯하여 세로토닌, 옥시토신, 바소프레신 등 화학 물질의 변화가 발생한다. 이어서 특정한 상대와 로맨틱한 사랑에 빠질 때에도 세로토닌의 분비에 큰 변화가 나타난다.

세로토닌은 몸 안에 10mg 정도 존재하는데 그중에서 1~2% 정도가 뇌 안의 신경전달물질로 작용하고 그 나머지는 위와 장에 머물며 소화 기능에 영향을 미친다. 뇌 안에 세로토닌 수치가 높아지면 기분이 좋아지고 행복해진다.

한편, 사랑에 빠진 사람들이 강박증 환자처럼 온종일 애인만 그리워하며 몰두하는 것은, 신경전달물질인 세로토닌의 부족 때문에 일어난 현상이다. 이때는 대체로 정상인에 비해 세로토닌이 40% 정도 낮은 것으로 보고되고 있다.

사랑의 두 번째 단계인 로맨틱한 사랑을 하게 되면, 엔돌핀(Endolpin)이 뇌 안에서 흘러넘치게 된다. 엔돌핀은 몸 안에서 분비되는 모르핀이라는 뜻이다. 이는 양귀비에서 추출되는 가장 강력한 진통제이다.

엔돌핀은 PEA처럼 뇌의 신경전달물질이지만 PEA와는 달리 통증을 억제하며 마음을 안정시킨다. 그래서 연인들은 엔돌핀의 분비로 평온하고 안정된 느낌을 갖게 되어 평화로운 분위기로 식사하고 대화하며 잠을 자게 된다.

또한 이 엔돌핀은 어머니가 갓난아기를 안고 귀여워할 때 아이의 몸 안에 흘러나온다. 따라서 아이들은 행복하고 평화로운 느낌을 갖게 되며 사랑의 기쁨을 배우게 된다.

사랑의 마지막 단계인 장기간의 애착 상태는 옥시토신의 분비가 활성화될 때이다. 특히 어머니의 자녀에 대한 사랑은, 시상하부에서 합성되는 옥시토신이 작용되는데 뇌하수체를 통해 혈류로 방출된다.

아이의 울음소리가 나면 어머니의 몸에서는 옥시토신이 분비되기 시작하여 젖꼭지가 꼿꼿이 서서, 당장 젖을 먹일 채비를 한다. 또한 옥시토신은 아이를 낳을 때 자궁을 수축시켜 태아의 분만을 도와준다.

옥시토신은 성 생활에서도 중요한 역할을 하는데 근육을 부드럽게 하고 신경을 예민하게 하여 상대를 꼭 껴안고 싶은 충동에 사로잡히게 된다.

성적 흥분이 강렬할수록 옥시토신이 더 많이 분비되기 때문에 성교 도중에 쾌감은 더욱더 증대된다. 옥시토신은 이처럼 낭만적 사랑에 빠져 있을 때, 행복감을 느낄 때, 성적 흥분을 느낄 때에도 모두 뇌에서 분비되어, 결국 사랑은 뇌로 하는 것이다.

감정의 뇌,
정서와 기억을 다룬다

　　편도체는 대뇌의 측두엽 심부에 있는 아몬드 모양의 구조물로서 변연계의 일부이다. 우리의 모든 정서(감정)들은 편도체에서 만들어진다. 우리는 살아가면서 기쁨과 슬픔, 분노와 놀람, 혐오와 공포 등의 정서를 느끼는데 바로 이런 정서들이 편도체에서 유발된다.

　　뇌출혈 등으로 편도체가 손상을 입으면 감정을 느끼지 못한다. 자신의 감정뿐만 아니라 다른 사람의 감정도 느끼지 못하게 된다. 뿐만 아니라 두려움이나 공포심, 공격성도 아예 느끼지 못한다. 다른 사람이 권총을 자신의 머리에 들이대도 무서워하지 않는다.

편도체가 제 기능을 못하면 인간관계를 제대로 유지할 수 없다. 따라서 편도는 생존을 위해 꼭 필요하다. 길을 건널 때 자동차를 조심하게 되고, 나무에 올라 갈 때 각별히 신경 쓰는 것도 모두 편도체의 기능 덕분이다.

▪ 편도는 위험에 대한 자동 안전장치이다

우리가 위험한 상황에 부딪히게 될 때 도주할 것인가 대항할 것인가를 안전하게 판단한다. 편도체는 위협이나 스트레스에 반응하여 도피와 투쟁 반응을 하는데, 이는 교감신경계의 각성을 명령하기 때문에 이뤄진다.

이런 반응은 사고 뇌가 관여하기 전에 일어난다. 그래서 갑자기 누군가 나타나 겁을 주면 도망가라고 편도체가 위험 상황을 알려주기 때문에 피하게 된다. 무서운 개가 나타나면 재빨리 피하는 것도 바로 편도의 기능 때문이다. 머리 주변에서 벌이 날아다니거나 주먹이 날아오거나 공이 떨어질 때 움찔하고 느끼는 것도 모두 편도의 기능이다.

위급한 상황에서 어떻게든 해야 할 때, 망설이면 안 될 때, 편도가 재빨리 피하도록 결정한다. 즉, 편도체는 자동 안전장치 역할을 한다.

▪ 편도는 정서와 관련된 기억을 다룬다

좌측 편도체는 오직 부정적 정보에만 반응하고 우측 편도체는 긍정적, 부정적 정보 모두 반응한다. 편도체는 긍정적 · 부정적 기억 모두를 포함하여 매우 강한 정서적 기억을 저장한다.

- 교통사고, 화재 등의 회상과 같은 충격
- 부모나 배우자의 학대나 폭력
- 복권 당첨/아이의 탄생/1등 합격

█▪ 편도는 태어날 때 이미 발달되어 있다

어려서 학대를 당하면 그 기억이 편도체에 저장된다. 편도는 해마와 협력하여 감정을 이해하고 조절하도록 도와준다. 편도체가 해마보다 기능적으로 먼저 성숙되어 3세 미만의 충격적 사건은 무의식적으로 저장된다.

우리는 분노나 슬픔, 공포나 기쁨 등의 정서에 많이 의존하는데, 편도가 있어서 이러한 정서를 조화롭게 이루도록 해준다.

편도는 비언어적 정보를 다루기 때문에 다른 사람의 얼굴에 나타난 정서나 그 밖의 행동을 비롯한 사회적 상황을 해석한다. 그래서 편도가 손상되면 다른 사람의 얼굴 표정을 이해하지 못하기 때문에 미소가 행복을 의미하고 찡그림이 분노를 의미하는지 모른다.

모든 정서를 담당하는 하나의 뇌 시스템은 없다. 대신 여러 개의 정서시스템이 있고, 각각은 서로 다른 기능과 목적으로 작용하고 있다. 편도체의 중심핵은 단순히 자율신경계 반응뿐만 아니라 일반적인 방어 반응 체계에 관여하는 구조물이다. 스트레스 상황에 놓이거나 위험 상황을 감지하게 되면 편도체는 시상하부에 메시지를 보낸다. 또 시상하부는 뇌하수체에 메시지를 보내어 부신피질 자극 호르몬(ACTH)를 분비하도록 한다. 그다음 ACTH는 혈액을 따라 부신으로 흘러들어가 스트레스 호르몬인 코르티솔 호르몬을 분비케 한다. 편도체는 결국 부신의 호르몬 분비를 조절하는 데 중요한 역할을 하는 것이다.

편도체는 또한 뇌간에 있는 다른 각성 시스템들과 협응하여 각성을 유도한다. 편도체가 위험을 감지하여 기저핵을 활성화 시키고 이로 인해 기저핵은 아세틸콜린(acetylcholine)을 분비한다. 이 아세틸콜린은 결국 피질을 각성시킨다. 또한 편도체는 뇌간에 있는 다른 각성 시스템들과도 협응하여 각성을 유도한다.

위험에 대한 일반적인 반응이 바로 불안과 공포이다. 불안과 공포가 정상적인 삶을 방해할 때 공황장애나 불안장애를 일으킨다. 정신 병리의 뇌 기초에서는 이런 장애가 편도체 일부분이 제대로 기능하지 못해서 발생하는 것으로 보는 학자도 있다.

불안이나 공포, 공황장애, 외상 후 스트레스 장애 등이 무의식적으로 작동하게 되면, 공포 센터인 편도체에 문제가 생겨 변연계를 둘러싸고 있는 기저핵이 과잉 활성화된다.

아이들의 감정 발달은 두뇌 성숙에 동반되는 과정이며 유전자와 경험의 산물이다. 아이들에게 공감하며 애정과 관심을 가지고 보살피면 감정의 뇌인 편도체가 잘 발달되지만, 반대로 부모와 감정적 유대 관계가 깨지면 감정의 뇌인 편도체의 기능에 문제가 생길 수도 있다.

우울의 뇌,
뇌에 생기는 병이다

▪▪ 가면우울증

어린이 우울증의 특징 중 하나가 가면우울증이다. 간접 증상으로는 극도의 불안함을 보이며 손톱을 물어뜯고 머리카락을 뽑거나 빙빙 돌리기도 하며 근육 경련, 흥분, 발끈 화내기, 침울하거나 뾰로통한 표정, 소심함, 자해, 불순종 그리고 파괴적인 행동, 과잉 활동 등이 나타난다.

우울한 아이는 실제로 어떤 활동에는 적극적인 관심을 가지면서도 다른 면에서는 우울증 증세를 보일 때가 있다. 그 중에는 학교 공부에 집중하지 못하거나 지능이 평균 이상인데도 성적이 아주 나쁜 경우가 있다.

이런 아이는 혼자 놀기를 좋아하거나 사회적인 활동에 참여하기를 거부한다. 또한 자기 비난적이고 무가치한 감정을 느낀다. 자주 인생이 가치가 없다고 느끼며, 어떤 경우에는 실제로 자살을 기도한다.

먼저 어린이 우울증의 원인은 애정 결핍을 들 수 있다. 어린이가 자기는 원치 않는 아이거나(너는 태어나지 말았어야 되는데), 가족의 일원으로 어울리지 않는다고 느끼거나(초등학교 6학년, 집에 오면 아무도 없다.), 부모 또는 교사의 기대에 도달하지 못한다고 느끼는 데는 여러 가지의 원인이 있을 수 있다.

어떤 남자 어린이나 여자 어린이가 감정을 타인에게까지 일반화하는 것은 공통적으로 볼 수 있는 현상이다. 근본적으로 그는 부모의 사랑을 받지 못한다고 느끼며, 관심이나 이해도 얻지 못한다고 느끼는 것이다.

어린이는 부모가 편안한 집을 제공해 주고 선물을 많이 사주어도 사랑을 못 받는 것처럼 느낀다. 예를 들어 정신과 의사의 치료를 받고 있는 소년 환자의 경우 그 부모는 아주 아름답게 시설된 집을 마련하고 값비싼 장난감을 사주며, 그 밖의 좋은 것들을 마련해 주고 있다. 그런데도 소년은 사랑을 받지 못한다고 느끼며, 자기는 가치가 없다고 생각했다.

가정생활을 조사한 결과, 그 부모들은 아이만 집에 혼자 두고 집 밖에서 보내는 시간이 많았다. 그들은 친구들과 어울려 나가있는 것을 더 좋아했고, 그때마다 아이는 아기 보는 이에게 맡겨졌다. 아이는 부모와 함께 있는 시간을 그리워했으나 이 욕구가 좌절되자 외로움과 거부감으로 발전했던 것이다.

이 감정은 다시 학교생활로까지 옮겨져 거기서도 다른 어른들이 자기를 사랑하지 않는다고 느끼게 되었다. 그러는 동안 사랑 받는 것을 포기하게 되었고 자기 자신의 세계로만 위축되어 그 속에서 안정감을 느꼈다. 차츰 차츰 우울증이 엄습해 왔고 부모들은 전문가의 도움을 요청하게 된 것이다.

가면우울증에 대한 상세한 내용은 5장의 '아동·청소년의 가면우울증'에서 다시 한 번 자세히 다루도록 한다.

⁝▪ 부모와 자녀 간 신뢰 회복의 중요성

어린이의 반복되는 실패 경험은 상실을 의미하기 때문에 우울증의 원인이 된다. 또 부모의 과도한 훈육과 높은 기대감에 못 미칠 때 자녀는 우울증을 앓을 수 있다.

어린이 우울증에서 빼놓을 수 없는 것은 부모들이 지나친 훈육과 높은 성적에 대한 강요이다. 아이들은 이에 미치지 못하면 자신을 무가치하게 느끼고 낙심하게 된다. 이 무가치함이나 부적절한 감정은 어린이 우울증의 기본 원인이 되어 자살로 이어지기도 하며 다른 정신장애의 원인이 되기도 한다.

또한 부모의 과도한 비판이나 완벽한 행동의 요구는 어린이에게 심한 죄책감이나 무가치함을 주게 된다. 이런 잘못된 생각이 고쳐지지 않으면 후에 나이가 들어서 심각한 죄책감이나 우울증으로 발전될 수 있다.

그리고 신체적 요인으로 질병이나 장애가 우울증의 주원인이 되는 경우는 드물지만, 아이들의 불안정함과 거부감을 더 복잡하게 악화시킨다. 허약한 신체적 조건은 그의 정서적 혼란을 더 민감하게 느끼게 하고 통제 능력은 감소시킨다.

한편, 산모의 산후 우울증의 영향을 받아 아이가 우울증을 앓을 수도 있다. 어머니가 분만 후 3~10일 사이에 산모의 30~80%가 산후 우울감을 경험한다. 산모의 20%가 산후 우울증을 보이는데, 이러한 어머니 밑에서 양육되는 아이는 우울증에 걸릴 확률이 높다. 실제로 우울증이 있는 부모의 자녀는 우울증 위험이 6배나 높다는 주장이다. 우울한 아이들이 자발적으로 상담을 받거나 전문의를 찾는 일은 거의 없다. 설령 전문가에 의한 진단이 내려져도 상담을 받거나 치료를 거부하는 경향이 강하기 때문에 부모님이 잘 선택해야 한다.

상담할 때 아이를 통해 정확한 증상을 발견하고 부모의 말을 참고하는 것이 좋다. 가정에서 가장 중요한 것은 사랑을 통해 부모와 자녀 간의 신뢰를 회복하는 것이 무엇보다도 필요하다.

■ 예방과 치유를 위해 스트레스를 줄인다

아동·청소년의 우울증을 예방하고 치유하기 위해서 먼저 만성 스트레스를 줄여야 한다. 그러기 위해 아침에 일어나 운동을 하면 뇌의 변연계에서 BDNF가 생성되어 부신피질 방출 호르몬을 제어함으로 우울증을 예방할 수 있다.

그 뿐만 아니라 운동은 도파민, 세로토닌, 노르에피네프린 등의 신경전달물질을 생성케 하여 우울증에 크게 도움이 된다. 또한 아침 햇볕을 쬐면 세로토닌을 분비케 하여 우울증이 치료되며 아침 햇볕을 쬔 지 15시간 후면 송과체에서 멜라토닌을 분비하여 잠을 잘 자게 함으로써 수면장애도 치료하게 된다.

그리고 늘 긍정적으로 생각으로 살아가는 일이다. 우리에게 주어진 환경이나 미래를 합리적이고 긍정적으로 생각하는 것이다. "대저 그 마음의 생각이 어떠하면 그 위인도 그러한즉(잠23:7)"이라고 하였는데, 부정적인 생각을 하면 부정적 삶이 되고 긍정적인 생각을 하면 긍정적인 삶이 된다는 원리의 말씀이다.

또 하나는 세로토닌 신경활성화를 위해 그 전구 물질인 트립토판이 많이 들어 있는 음식을 먹는 것이다. 콩 식품인 된장국, 청국장, 그리고 바나나와 우유가 좋다. 보충제로서는 오메가3가 좋으며 엽산은 조울증 치료에 도움이 된다. 그리고 리듬운동을 하면 세로토닌을 촉진시켜 우울증에 좋은데 걷기, 박수치기, 노래 부르기 등이 도움이 된다. 우울증이 심한 경우에는 약물요법을 병행하며 심리치료로서 인지행동치료가 효과적이다.

거울신경,
공감과 모방의 근본이다

20세기 신경과학의 가장 획기적인 발견이 있는데, 그것이 바로 거울신경(Mirror Neuron)이다. 우리가 거울 앞에 서면 거울에 내 모습이 그대로 비추듯이 우리 뇌에는 거울신경이 있다.

1990년도 중반, 이탈리아의 지아코모 리졸라티와 그의 연구진은, 한쪽의 원숭이들이 포도를 먹을 때, 다른 쪽 원숭이들도 포도 먹는 모습을 보면 포도를 먹고 있는 원숭이들과 똑같이 신경이 점화된다는 사실을 발견했다. 이를 거울신경 또는 공감신경이라고 한다.

거울신경은 다른 사람의 행동을 뇌에서 거울처럼 반영하는 것이다. 다른 사람의 행동을 관찰하고 있을 때 마치 관찰자 자신이 스스로 그 행동을 하는 것처럼 느끼는 것이다. 거울신경은 다른 사람이 수행하는 동작을 이해하고 모방하는 데 관여하는 신경이다.

거울신경세포는 대뇌피질에 위치하고 있는데 전두엽의 운동피질 아래쪽과 두정엽의 아래쪽, 그리고 측두엽 앞쪽에 자리잡고 있다. 이곳에서 타인의 행동뿐만 아니라 감정을 이해하는 데에도 거울신경이 기반을 이루고 있으며, 행위의 관찰과 모방 사이에 거울신경이 연결되어 있다.

거울신경은 모방을 통해 활성화된다

대뇌피질에 있는 거울신경세포들이 누군가 말하거나 행동하는 것을 바라보면서 활성화되어 관찰 대상을 똑같이 모방하게 되는 것이다. 인간은 신체 모든 부위의 움직임에 거울신경이 반응한다. 이 거울신경은 무의식적이고 내적으로 행동과 감정을 모방함으로써 다른 사람의 느낌이나 행위를 암시적으로 파악하게 한다.

거울신경은 행동의 모방과 관련되어 있을 뿐 아니라 행동의 의도를 이해하는 데에도 연관되어 있다. 예를 들어 친구가 전화로 통화하며 행복한 표정을 짓는다고 할 때, 나는 친구의 표정을 거울처럼 반사하여 똑같은 미소를 짓고 똑같은 운동반응을 보이게 된다. 그리고 전화로 말을 다 듣지 않아도 친구의 감정을 이해하게 되는 것이다.

우리는 타인의 표정이나 자세, 말의 억양과 강세, 심지어는 말하는 방식이나 사용하는 단어까지 무의식적으로 흉내를 낸다.

아기가 태어난 지 일주일이 되면 거울신경세포는 그 기능을 수행하기 시작하여 유아기 때 활발한 활동을 한다. 그래서 유아기는 모방의 전성기이다. 거울신경세포는 모방을 취하여 활성화되는 것이다.

거울신경은 의사소통 체계의 필수 신경이며 브로드만 영역 44번, 즉 보로카 영역의 발화 산출에 결정적 역할을 한다. 특히 언어 발달의 결정적 시기는 4세 이후부터인데, 이때 언어 모방을 통하여 언어를 발달시키는 것은 거울신경세포의 활동 때문이다. 부모가 아이에게 "엄마, 아빠"라는 단어를 가르칠 때 아이의 거울신경세포는 활성화되는 것이다.

이처럼 거울신경세포가 활성화될수록 아이는 많은 단어를 익힐 수 있으며 인간으로서의 기능을 갖추어 나가는데, 여기서 거울신경은 의사소통 체계의 필수적인 신경으로 중요한 역할을 한다.

아이들은 엄마, 아빠가 웃어주고, 돌봐주는 것을 바라보면서 거울신경세포가 활성화되고, 이를 통해 학습할 말과 행동을 뇌 세포가 기억한다. 이러한 과정은 마치 거울을 보면서 행동을 익히는 놀이처럼 보인다. 생후 얼마 안 되어 거울신경세포를 통해서 엄마, 아빠의 행동을 모방하는 행위는 사회적 관계의 첫 시작이자 최초의 인간관계라고 할 수 있다.

▮ 거울신경은 동일시를 통해 활성화된다

청소년기는 시각을 통해 후두엽이 활발히 움직인다. 이때는 유명 연예인의 머리, 모자, 안경, 의상 등을 모방하여 동일시한다. 청소년기의 이러한 행위는 동일시를 통해 거울신경을 활성화하는 것으로, 동일시는 태어나서 만 5세까지 이루어지는 심리방어기제이다.

아이는 부모의 태도나 행동을 닮아가며 성장한다. 동일시는 자아나 초자아의 형성에 가장 큰 역할을 하여 성격 발달에 가장 중요한 방어기제이다. 남아는 아버지를 동일시하고 여아는 어머니를 동일시하여 자아를 발달시킨다. 또한 동일시를 통하여 부모가 자녀의 성격 내부에 들어오기도 한다. 부모의 완벽주의, 가치관, 규칙, 엄격한 신앙 등이 자녀의 초자아를 형성하게 된다.

이는 부모의 행동을 동일시하여 거울신경세포의 기능을 발달시켰기 때문이다. 그뿐 아니라 동일시를 통해 거울신경세포를 잘못 발달시키면 신경증, 정신병이 오고 반사회성 인격이 된다.

예를 들면 아버지의 인색함을 비난하면서도 물건 값을 깎으려는 아들의 행동이다. 바람직하지 못한 사람을 동일시(깡패, 범죄자, 잔인 무도한 사람)하는 것을 적대적 동일시라고 한다. 호된 시집살이를 한 며느리가 나중에 호된 시어머니가 되는 경우는 거울신경을 통해 공격자와 동일시되기 때문이다.

어떤 이상적인 대상(건물)과 공생함으로써 그 대상이 갖고 있는 힘을 나누어 가지려고 자아가 대상과 동일시하는 경우가 있는데 이를 병적 동일시라고 한다. 이때도 거울신경을 통해 자아를 발달시킨다.

:▪ 거울신경은 공감(감정전이)을 통해 활성화된다

아이는 반응하며 성장한다. 일반적으로 2~3세 무렵에는 거울신경세포를 통해 공감 능력과 사회성의 토대를 이루어간다. 거울신경세포 때문에 공감 능력도 발달되어 전두엽의 기능을 발달시킨다. 그러나 어린 시절에 거울신경세포를 발달시키는 따뜻한 대상이 없는 경우에는 치명적인 상황에 처할 수 있다.

반응성 애착장애나 자폐증 진단을 받은 아이들은 거울신경세포의 결함이 두드러지게 나타난다. 자폐증인 아이들은 다른 사람의 처지나 입장에서 상황을 이해하는 능력이 전혀 없다는 것이 공통적인 특징이다. 거울신경세포는 모방을 통해서 활동하며 공감과 동일시를 통해서도 활동한다. 즉 인간관계의 사회성 발달을 형성하는 데 중요한 조직인 것이다.

뇌 세포를 사용하지 않으면 뇌는 그 기능을 잃는다. 거울신경세포를 제대로 바르게 작동시키려면 좋은 대상과 좋은 환경이 중요하다. 거울신경 발달이 잘되면 행복한 삶을 유지할 수 있으며 거울신경 발달이 제대로 이뤄지지 않으면 병리적 삶을 살 수 있다. 거울신경이 행복한 삶을 만들어낼 수 있도록 우리의 가정이나 사회가 행복한 모습으로 대화하며 소통하는 것이 매우 중요하다. 결국, 우리가 행복하면 거울신경세포는 행복하게 활성화되어 주위를 행복하게 하는 것이다.

다른 사람의 짜증이 나의 짜증이 되고, 다른 사람의 분노가 나의 분노가 되며, 다른 사람의 우울함이 나의 우울함이 된다. 반대로 나의 웃음이 상대를 웃게 만들고, 나의 기쁨이 상대를 기쁘게 하며, 나의 행복이 상대를 행복하게 한다. 이 모든 것이 거울신경세포 때문이다. 즉 거울신경은 뇌 발달에 가장 중요하며 언어 발달은 물론 사회성 발달, 인격 발달의 근간을 이룬다.

02

뇌를 알면 치유가 보인다

contents

뇌를 알면
치유가 보인다

20세기 초에 이르러 사람들은 인간의 마음이나 행동의 작용이 뇌와 신경계를 기반으로 이루어진다는 확고한 믿음을 갖게 됐다. 그리고 그런 믿음 아래, 21세기에 이르기까지 뇌 과학에 대한 연구는 오랜 기간 다양한 분야에서 활발히 진행되어 오고 있다.

심리학은 이미 19세기 이후 과학적 학문으로 자리 잡으면서 지금까지 오랜 역사를 갖게 됐다. 인간의 마음과 행동을 연구하며 치료하는 심리학이 여러 상담기법을 개발해 오면서 심리 치료를 통해 마음을 치료했다면, 정신의학에서는 발전을 거듭하면서 정서장애를 치유하고 있다.

그리고 과거엔 정신의학에서 비판받던 뇌 영상 기법도 핵의학의 괄목할 만한 발전의 영향으로, 우울과 분노, 강박과 중독 등 뇌 영상을 통해 알아낼 수 있게 됐다. 즉, 이제는 신비한 영혼(Soul, 신약·프시케, 구약·네페시)의 세계도 이러한 뇌 과학을 통해 규명되고 있는 실정이다.

비록 뇌가 우리의 마음이나 정신 그 자체가 아니라 할지라도, 뇌의 기능과 관련이 없는 마음이나 정신이 존재하지 않듯이 인간의 문제 행동이 모두 뇌와 연관이 있는 것은 사실이다.

그런데 마음은 심리학자에게 빼겨버리고, 정신은 정신의학자의 몫으로 남겨진 지금, 영혼을 다루는 일이 과연 어떻게 존재할 것인가 생각해 볼 필요가 있다. 여전히 철학이나 신학에서는 정신을 육체와 분리시켜 더 거룩한 것으로 승화시키려는 오랜 전통에 머물러있는 사람도 있다.

그러나 우리는 우울증이나 과대망상, 중독, 정신분열증 등의 정신 병리를 약물을 통해 치료하는 것이, 위가 쓰려서 약을 먹고 치료하는 것과 다르지 않다는 것을 이해해야 한다.

▪▪ 뇌는 마음과 행동의 중심

뇌는 우리의 마음과 행동의 중심이므로, 우리 영혼의 하드웨어다. 우리가 느끼고 생각하고 행동하고 기억하는 것, 그리고 다른 사람과의 유대 관계나 신앙까지도 뇌 기능의 영향을 받는다. 상처 받는 뇌로 인해 병든 영혼이 존재하는 것이다. 이제 뇌 치유상담은 현대의 상담과 심리치료로 승화될 수밖에 없는 것이다.

상담과 심리치료가 과학적 학문으로 표현된 것이라면, 치유상담은 지극히 기독교적 상담을 표현하는 또 다른 방식이다. 상담은 인간의 행위지만 치유는 하나님의 몫이다.

그러므로 치유상담의 의미는 인간이 상담을 진행하지만, 치유의 근본은 하나님의 섭리이며 은혜이자 권위라 할 수 있다. 이제 교회는 특별계시인 성경과 일반계시인 뇌 과학의 통합적 접근으로 상담을 통한 치유의 극대화를 이루는 것이 한층 더 요구되고 있다.

운동은
정신건강의 원동력

정신건강을 유지하기 위해서는 몸의 건강을 지키는 일이 필수적이다. 일찍이 영국에서는 운동을 통해 우울증을 치료해 왔다. 뇌도 우리 신체의 일부이기 때문에, 신체가 활발하게 움직여 건강해지면 자연스럽게 뇌에도 영향을 미친다. 가끔 스트레스가 쌓이면 운동을 하는 사람들을 볼 수 있는데, 이것은 아주 본능적이고 건강한 행동이다.

운동은 신경전달물질을 활발하게 한다. 예를 들면 우울증은 세 가지 신경전달물질의 결핍에 의해 나타나는데, 노르에피네프린, 도파민, 세로토닌이 그것이다. 하지만 운동을 하면 몸이 신진대사를 촉진시키고 신경을 자극하면서 이 세 가지 신경전달물질의 수치가 높아진다.

노르에피네프린의 경우 운동을 하는 즉시 수치가 높아지는데, 이것은 우리의 의식을 깨어있게 하는 역할을 한다. 도파민은 기분이 좋아지고 집중력을 향상시킨다. 그리고 자기존중감과 충동 억제에 중요한 역할을 하는 세로토닌을 증가시켜 스트레스를 감소시킨다. 거기에 엔돌핀의 수치를 높여 만족과 행복까지 느끼게 된다. 그래서 운동요법은 우울증 치료에 효과적이다.

또한 운동은 뇌 세포의 발달과 성장에 필요한 신경세포 성장 인자를 촉진시켜준다. 신경세포 성장 인자는 우리 머리의 회로를 구축하고 유지하여 신경전달물질이 원활하게 이루어지는 역할을 한다. 또 신경세포 성장 인자는 기억이나 학습에 관여하는 해마에 존재하기 때문에 여기에 필수적인 요소로 알려져 있다.

그런데 운동을 하면 이러한 신경세포가 서로 결합하기에 적합한 환경을 조성하여 결합을 촉진시켜서 뇌 세포가 새로운 정보를 잘 받아들이도록 한다. 또 해마에서 새로운 신경세포가 발달하는 과정을 촉진한다. 유산소 운동은 2주 동안 매주 두세 번씩 30분 동안 천천히 달리기만 해도 인지 기능이 향상된다고 한다.

▪ 몸과 마음의 건강부터 시작한다

몸의 신진대사가 활발해지는 것과 우리 뇌가 건강해지는 것은 신체의 유기적 상호작용의 자연스러운 결과다. 뇌의 역할은 하나의 시냅스에서 다른 시냅스로 정보를 전달하는 것이다. 이 과정에서는 에너지가 필요한데, 운동을 통해 신진대사가 활발해지면 시냅스의 기능이 활발해져 사람의 생각이나 감정에까지 커다란 영향을 끼치게 된다.

우리 신체를 제어하는 것은 뇌지만, 뇌의 건강을 유지하는 것은 우리의 신체다. 그러니 몸과 마음이 모두 건강해야 한다는 말은 어느 하나 빼놓을 없다는 뜻이다.

하지만 몸을 부딪치거나 극심한 에너지 소비를 요구하는 과격한 운동은 오히려 뇌를 손상시키거나 뇌에 에너지를 제대로 공급하지 못해 인지 기능이 둔화되기도 한다. 따라서 적당한 운동을 꾸준히 하는 것이 중요하다. 특히 유산소 운동을 통해 산소 공급을 늘리고 신진대사를 활발하게 하는 것이 좋다.

음악은
뇌 기능을 향상시킨다

임신 후 태아는 10주 때부터 청각의 기능이 시작
되면서 임신 4~5개월이 되면 충분히 가능할 수 있다. 이때 태아는 엄마
의 목소리를 들으면서 자신이 안전하다는 느낌을 받는다. 어떤 실험에서
태어나기 2개월 전부터 A, B, C군으로 나누어 군마다 음악을 들려주었다.

그리고 태어나서 아기가 울 때, 각 군에서 듣던 음악을 아기들에게 들려
주었더니 A, B, C군 아기들 모두 울음을 그치는 반응을 보였다. 아기들은
생후 4개월이 되면 좋아하지 않는 음악을 들었을 때에는 귀찮아하고 즐거
운 선율을 들었을 때는 그 음악을 따라서 옹알이를 한다.

이처럼 어릴 때부터 우리의 음악적 수용은 우리가 살고 있는 문화에 의해 형성된다.

음악은 좌·우뇌를 사용하지만 측두엽이 중요한 역할을 한다. 음악을 담당하는 뇌의 영역에서 음악을 만들고 들을 때는 양쪽 뇌, 즉 우뇌와 좌뇌를 모두 사용한다. 음악은 여러 기능의 상호작용이기 때문이다.

음악은 귀로 들어와서 측두엽에 있는 청각피질로 간다. 우측 측두엽은 음조, 선율, 화음 그리고 리듬에 중요한 기능을 담당하는 부분이다.

뇌의 좌측면은 음악과 언어 모두에 대한 주파수와 강도의 변화를 듣는 데 더 탁월하며 자료를 분석한다. 한편 우뇌는 음악을 전체의 곡으로 함께 통합하는 것에 도움을 준다. 음악 초보자들은 우뇌로 음악을 전체적으로 듣는 경향이 있지만 음악가들은 좌뇌를 사용하여 음악의 형태와 내용을 분석하면서 음악을 듣는다.

뇌의 변연계는 기억을 유발하면서 음악의 정서적인 면을 처리한다. 그래서 음악은 정서를 유발시키고, 정서는 기억을 유발시키는 것이다.

▪ 음악은 치유에 효과적이다

노래는 폐를 확장시켜서 신체와 뇌로 들어가는 산소의 흐름을 증가시킨다. 노래와 음악은 지식과 창조성, 정서, 그리고 기억과 연결되어 있다. 그래서 유아원이나 유치원에서 학습 향상을 위해 노래를 사용한다.

집단에서 노래를 부를 때, 사기와 에너지가 상승하고 콧노래를 부를 때 기분과 기억에 긍정적인 변화를 만들 수도 있다. 소리가 뇌를 활성화시킬 때 더욱 생동감을 느끼게 되고, 뇌는 그 순간에 귀를 통해 더 많이 집중하는 것을 느낄 것이다.

음악은 영적 경험을 향상시킨다. 교회를 비롯한 주요한 종교들은 음악을 예배의 한 부분으로 여기고 있다. 그것은 음악이 우측 측두엽에서 처리되는데, 그곳은 뇌에서 신의 지점으로 언급되는 영역이라고 알려져 있다. 신경과학자들에 의하면, 우측 측두엽의 바깥 부분을 자극하는 것이 종교적이고 영적인 경험을 자극하는 것과 유사하다는 의견이다.

음악은 뇌의 주파수를 감소시켜 긴장과 이완에 도움을 준다. 우리가 깨어있을 때(각성) 분당 주파수(헤르츠, Hz)가 14~20회인 베타파(β파)가 나타난다. 그러나 음악을 듣거나 잠을 자면, 8~13회의 알파파(α파)가 나타나서 마음이 차분해지고 느긋한 상태가 된다고 한다. 또한 명상을 하면 4~7회의 세타파(θ파)가 나타난다. 그래서 좋은 음악은 뇌의 흥분을 가라앉히고 코르티솔의 스트레스 호르몬을 정상화시켜 준다.

음악은 치유에 효과적이다. 클래식에서 대중음악에 이르기까지 장르가 다양하지만, 특히 모차르트 음악은 주의력 결핍장애 아이들의 치료에 효과적이라는 보고가 있다.

소리는 귀로 들어와 청각 영역을 자극한다. 그때 여러 가지 화음의 조합에 의해 청각 영역의 세포가 일정 패턴으로 흥분하게 된다.

우리의 뇌는 청각 영역이 어떤 특정한 형태로 자극되었을 때, 기쁨을 느끼고 안도감을 갖게끔 구조화되어 있다. 모차르트의 음악이 치유 효과를 나타내는 것은 바로 그러한 화음의 조합과 우리 뇌의 청각 영역을 자극하는 횟수가 매우 많기 때문일 것이다.

다시 말해, 음악은 영적인 경험과 통찰력 모두를 자극시킬 뿐만 아니라 정서, 기억, 학습에도 크게 작용한다는 사실이다. 그래서 악기를 배우는 것은 측두엽의 신경세포를 발달시키고 활성화하는 데 도움이 된다. 음악 기반의 학습 교육에도 도움이 되며 정신건강의 향상에도 크게 기여한다.

성경 속에서 사울 왕이 음악을 통해 병을 극복한 사례는, 현대 뇌 과학의 산물을 입증한 것이라 볼 수 있다. 무엇보다도 음악 자체를 듣는 것도 좋지만, 음악을 연주하면서 음악을 들을 때의 의식이 더 육체적 치유에 도움이 된다고 할 수 있다.

알코올은
뇌 세포를 손상시킨다

음주 문화가 자연스럽게 우리 사회에 침투하고 있다. 술은 한 잔 마시면 걱정과 불안이 해소되면서 기분이 좋아진다. 또한 적당히 마시면 심장마비와 중풍이 줄어들고 치매도 줄고 수명이 길어진다고 한다. 경우에 따라서는 소위 나쁜 콜레스테롤인 LDL-Choresterol 수치를 내려주고 좋은 콜레스테롤인 HDL-Choresterol의 수치를 올려준다. 그리고 알코올은 혈전을 방지하고 세포를 인슐린에 민감하게 반응하여 당뇨병의 위험도 감소시킨다는 장점이 있기도 하다.

하지만 알코올은 신경세포를 감소시키기도 한다. 특히 세포의 에너지

중추들로 산소가 가는 것을 막아버린다. 그리고 다양한 신경전달물질 중 학습과 기억에 관련되는 것들의 효율성을 떨어뜨린다. 술을 많이 마시면 문제의 세로토닌 분비가 줄어든다. 세로토닌이 줄면 행동을 억제하는 능력이 줄고 싸움을 거는 노르에피네프린이 그 기능을 발휘하기 시작한다. 그래서 남자들이 술에 취해 집에 들어와서, 점잖던 사람이 살림살이를 부수고 심지어 아내와 자녀를 폭행하게 된다. 방화범의 경우도 세로토닌이 부족했으며, 살인자의 경우도 90% 정도 세로토닌이 매우 부족했고, 난폭하거나 자살을 시도하는 사람의 경우도 마찬가지로 부족했다. 청소년들도 세로토닌이 적으면 아침에 일어나서도 짜증을 부리고 엄마에게 대들고 학교에 가서는 선생님께도 공격적이 된다.

■ 알코올은 정신건강을 해친다

특히 장마철에는 햇빛이 나오지 않아 세로토닌의 분비가 적어 우울증이
나 자살, 공격적인 상태가 많이 나타난다. 기분이 울적하다고 장마철에 술
을 먹으면 더욱 위험하다. 세로토닌의 분비를 막아버려 우울함, 공격성이
드러나고 자살에까지 이를 수 있다. 세로토닌이 적으면 기분전환을 위해
서 술을 찾게 되지만 반대로 술을 마시면 세로토닌은 줄어든다는 점을 유
의해야 한다.

임신한 상태에서 술을 마시면 치명적인 결과를 낳는다. 왜냐하면 임신
중에 알코올은 세포 이동 장애를 일으키기 때문이다. 임신 초 3개월 안에
술을 마시면 기형을 유발하게 된다. 특히 임신 2주에서 8주 사이에는 얼굴
생김새가 갖춰지면서 뇌가 형성되는 시기이다. 따라서 임신 초기 6주가
가장 중요하다. 또한 임신 후 3개월 안에 술을 마시면 태아가 전체적으로
작아진다. 그러나 임신 기간 내내(출산 후에도) 술을 마시면 어떤 시점에라도
태아의 뇌가 손상될 수 있다. 알코올 연구가들은 알코올이 대뇌피질과 손
발을 통제하는 시스템과 뇌간에 있는 세포들은 손상시킨다고 한다. 주기
적으로 술을 마시는 어머니에게서 태어나는 아기는 두뇌가 작고 기형이며
뉴런의 밀도도 낮다. 태아 알코올 증후군(Fetal Alcohol Syndrome, FAS)인 아기
는 유년기에 지능지수가 낮다. 고등학교와 성인기에 이르면 학습적인 부
적응 행동, 과잉 행동, 우울증이 주로 나타난다.

남성의 폭음은 남성 호르몬의 일종인 테스토스테론 수치를 불임 유발

수준까지 끌어낼 수 있고, 설령 아이를 갖게 된다 하더라도 저체중아가 태어난다. 남성이나 여성 양쪽에서 얼마만큼의 알코올 양이 안전한지는 아무도 확신할 수 없다. 건강한 아이의 탄생을 위해 전문가들은 양쪽 모두 술을 끊으라고 경고한다. 특히 아빠가 될 사람은 임신 3개월 전부터 술을 끊어야 되며 엄마가 될 사람은 임신 4개월 전부터 술을 끊어야 한다.

알코올과 같은 중독성 물질은 보상 시스템의 핵심인 측좌핵(nucleus accumbens)을 혼란시킨다. 전뇌에 위치한 이 작은 세포군은 편도체와 변연계의 다른 부위로 연결되어 있다. 측좌핵은 오래전부터 두뇌의 쾌락 중추로 알려져 있다. 두뇌에서 도파민이 가장 많이 저장되어 있는 이곳은 세로토닌과 엔돌핀 같은 쾌락적 신경전달물질에 민감하게 반응한다. 중독자가 약물 복용을 제어하지 못하는 것은 욕구 제어 불능으로 해석된다. 이것은 새로운 것의 탐지와 보상 시스템에 문제가 있기 때문에 자극의 크기와는 무관하다. 매번 술을 먹는 상황을 새롭고 흥분되는 걸로 느낀다. 따라서 습관적인 알코올은 정신건강을 해치는 주범인 만큼 주의가 필요하다.

혈류량을 늘리면
뇌는 행복해진다

        휴가철이 되면 신체 리듬을 망가트리게 된다. 늦게 일어나고 아침식사를 거르는 일이 많아지기 때문이다. 더구나 현대인들은 여러 가지 이유로 아침을 거르는 일이 많아지고 있는데, 아침식사는 뇌를 건강하게 하는 지름길이며 그로 인하여 하루 일과를 행복하게 만든다. 아침에 일어나면 우리 몸의 체온은 낮은 편이다. 따라서 뇌의 온도가 우리의 체온과 거의 비슷하기 때문에 아침식사를 함으로써 체온을 0.5도 가량 높여주어 우리 몸을 조절하게 된다. 체온은 우리가 일어나서 활동하면 자연스럽게 올라가지만 아침식사를 함으로써 더 빨리 뇌를 활동하게 하는 것이다.

뇌의 유일한 에너지원은 포도당이다. 뇌에는 포도당을 저장할 만한 곳이 없다. 그래서 수시로 공급해 주지 않으면 안 된다. 포도당은 간에 글리코겐으로 비축되어 있다가 뇌에서 배가 고프다는 신호가 오면 재빨리 포도당으로 변하여 뇌에 공급하므로 뇌를 활동하게 하는 것이다. 그런데 간에 비축해 놓은 시간은 고작 12시간 정도이다. 12시간이 지나면 예비 포도당은 사라져 버린다. 저녁 7시에 식사했다면 아침 7시에는 다 고갈되고 없다는 뜻이다. 이때 아침식사를 거르면 뇌에 포도당이 부족해서 힘이 없고 기진맥진하여 일을 할 수 없는 것이다.

■ 천천히 먹으면 혈류량은 증가한다

식사를 한 후 위장의 음식물이 소화되고 영양분이 흡수되어 혈액 중의 포도당이 증가되거나 포만감을 느끼게 된다. 영양분이 가득한 혈액이 뇌로 들어가지 않으면 아무런 의미가 없다.

뇌의 기능은 혈액 속의 포도당이 늘어나면 신경영양인자인 FGF(Fibroblast Growth Factor, 섬유아세포성질인자)가 증가해서 뇌 세포, 특히 해마가 활성화된다. 따라서 식사 후 2시간 정도가 지나면 절정을 이뤄, 이때 FGF는 평소의 7배까지 증가한다고 한다. FGF가 해마의 뇌신경세포를 자극하며 고유의 기능인 '기억의 고정화'가 활발히 진행되어 기억력이 좋아지고 수리력과 창의력을 샘솟게 한다.

그래서 식사를 마치고 잠시 휴식을 취한 다음 2시간 뒤부터 공부를 하면 평소보다 능률이 두 배 이상 상승하는 것이다. 이런 이유로 오전 10~11시경에 업무가 가장 효율적이다.

이처럼 뇌의 원리와 기능을 알면 여러 면에서 도움이 된다. 식사가 뇌에 미치는 영향을 알게 되었다면 최고의 효과를 내기 위해서 시험 전 2시간 전에 식사를 끝내야 하고, 머릿속의 지식을 얼마나 채워 넣느냐보다는 뇌의 컨디션을 최고로 만들어서 얼마나 오래 지식을 기억하느냐가 중요해진다.

포도당은 탄수화물의 분비에 따라 생성되므로 밥이나 빵, 그리고 콘플레이크 등으로 아침식사를 하면 좋다. 식사를 하면 혈당이 올라가므로 식사할 때는 최대한 많은 혈액을 뇌로 보내야 된다. 그러려면 과식하지 말고 식사를 꼬박꼬박 하는 습관이 최고 좋은 방법이다.

식사할 때는 음식물을 천천히 씹는 게 최상이다. 씹을 때마다 대뇌신경세포가 활발히 움직이면 대뇌의 뇌간망상체가 각성된다.

특히 오징어나 쥐포 등을 질근질근 씹는 것은 결국 뇌의 혈류량을 늘리는 데 효과적이며 씹으면 씹을수록 뇌의 혈류량은 증가한다. 그래서 식사를 급히 해치우기보다는 음식물을 천천히 씹으며 음미하는 습관을 갖는 것이 뇌 건강에 도움을 준다.

오늘부터라도 식사할 때마다 음식물을 이전보다 3~4배 더 많이 반복해서 씹어, 뇌도 깨우고 혈류량도 증가시키는 건강하고 행복한 식사를 시작하도록 한다.

불안을 진정시키는
천연 신경안정제

　　우리나라 국민의 체감안전도 조사 결과에 따르면, 한국 사회가 안전하다고 생각하는 국민은 10명 중 2명뿐이다. 특히 성폭력에 대해서는 국민 3명 중 1명이, 학교폭력은 3명 중 2명이 안전하지 못하다고 생각하는 것으로 나타났다.

　　또한 몇 년 전, 국가별 밤거리를 다닐 때의 불안 정도를 조사한 결과, 우리나라가 세계에서 가장 불안하다는 결론이 나왔다. 이는 우리 사회가 불안하다는 것, 사회적 불안이 우리의 생활을 지배하고 있다는 것을 의미한다. 다시 말해 우리는 '불안공화국'에서 살고 있는 셈이다.

문제는 심리적 불안이 가족의 붕괴, 사회적 가치관의 변화 등으로 자녀들에게 악영향을 끼칠 수 있다는 것이다. 단순히 심리적 문제, 육체적 문제, 가정 문제뿐만 아니라 인간관계 문제, 교회에서의 신앙 문제까지도 영향을 미칠 수 있다.

그래서 정신건강의 기본이자, 핵심이 되는 불안에 대해 그간 여러 분야에서 관심을 가지고 연구해왔으며, 심리 상담이나 내적 치료의 주제가 되기도 했다.

﹕ 어린 시절의 충격, 정신건강에 악영향

불안은 누구나 느낄 수 있는 정상적인 정서지만, 불안이 삶에 영향을 끼쳐 문제가 된다면 그것은 임박한 위험을 알려주는 경고 신호가 된다.

특히 어린 시절의 불안이 소아기, 청소년기, 성인기에 이르러 여러 가지 형태의 정신 병리를 야기할 수 있다는 점을 간과해서는 안 된다. 어렸을 때의 불안 경험이 꼭 연속상의 발전 단계를 거치지 않고서도 청소년기, 성인기에 또 다른 정신건강의 문제로 발생할 수 있기 때문이다.

어린 시절의 충격적 경험은 뇌의 편도체에 무의식적으로 저장된다. 뇌가 발달하면서 뇌 세포는 11~12세 전후로 제2차 신경세포가 솎아내기(전정) 작업을 하게 되는데, 아주 쓰지 않는 신경세포나 신경 회로의 시냅스 솎아내기가 이루어진다.

이때 유용한 신경 회로는 더욱 확대되고, 그렇지 않는 것은 약화된다.

이러한 신경세포의 솎아내기 작업을 완성하는 시기 이후인 청소년기에 정신건강의 문제가 많이 나타나게 된다.

예컨대, 불안을 느끼면 자아는 이를 방어하기 위해 방어기제를 동원한다. 자아를 억제하면 신경증이 되지만, 남의 탓으로 많이 돌리는 투사를 사용할 경우는 정신증이 되는 것이다.

이처럼 정신 방어기제를 사용하며 살아가다가 새로운 스트레스를 받으면 자아가 약화되거나 붕괴되어서 신경증 또는 정신증을 일으키게 된다.

▪▪ 천연 신경안정제 'GABA' 부족

한편, 뇌에는 억제성 신경 물질이 있는데, 이를 가리켜 GABA라 부른다. 쉽게 말하자면, 천연 신경안정제가 바로 GABA인 것이다. 그런데, 이 GABA가 부족하면 불안 센터인 기저핵의 과잉 활성화가 나타나 흔히 범불안 장애, 공황장애, 외상 후 스트레스 장애, 광장공포증 등에서 이런 현상이 일어난다.

또한 GABA가 부족하면 정서적 안정 센터인 측두엽의 기능 장애를 일으켜 특정한 이유 없이 불안이나 공포가 일어난다. 무척 짜증을 잘 내기도 하고 화를 잘 내며 음울하고 폭력적 사고를 하기도 하고 매사에 민감한 반응을 보이기도 한다.

세로토닌(Serotonin)이 부족할 경우엔 전대상회의 활동량이 증가하며 강박장애 · 공황장애 · PTSD(외상 후 스트레스 장애)를 일으키기도 한다. 결국

GABA가 자유롭게 활동하지 못하면 불안과 공포가 일어나서 우리 몸을 몹시 괴롭히고 두려움이 엄습하여 맥박이 뛰고 혈압이 올라 몸의 모든 움직임에 제동이 걸린다. 극심한 경우에는 사망에 이를 수 있다.

따라서 평소 뇌를 진정시키는 천연 신경안정제와 수면제 역할을 하는 GABA가 제 역할을 할 수 있도록 긴장을 풀고 몸을 이완시키며 긍정적인 사고를 하는 생활이 필요하다.

유아
비디오 증후군

뇌 발달에는 결정적 시기가 있다. 생후 3세까지는 신체, 인지, 정서 등의 뇌 발달이 결정적 시기를 맞는다. 이 시기에는 스펀지가 물을 흡수하듯 어떤 정보라도 잘 흡수하는 시기이다.

좋은 정보가 뇌에 들어오면 좋지만 나쁜 정보가 들어오면 해가 된다. 그리고 영유아기의 뇌는 그 어떤 정보를 필터링하는 능력이 없기 때문에 나쁜 정보가 들어오지 않도록 하는 것이 바람직하다.

뇌의 결정적인 시기인 생후 3세까지는 특히 유해한 정보는 뇌에 해롭기 때문에 해가 되는 자극물은 피해야 한다. 예를 들면 폭력적인 영상물, 자극적인 내용을 담고 있는 TV 프로그램, 과도한 언어 학습, 간접 흡연, 알코올 등이 영유아기에 피해야 할 자극물이다.

뇌 발달의 결정적 시기에는 사회적 관계를 형성하는 중요한 시기이기 때문에 풍요로운 환경을 만들어 주어야 된다. 귀로 듣고 눈으로 보고 코로 냄새 맡고 입으로 말하는 오감의 반응이 극대화 되어야 한다.

텔레비전에 대고 아무리 '우유'라고 외쳐도 텔레비전은 아이 말에 반응할 수 없고 일방적이기 때문에 상호 관계로 연결될 수 없다. 그래서 아이들이 TV를 많이 보게 되면 사회적 관계 형성에 심각한 문제를 일으킨다. 그리고 기분 변화가 심해지고 짜증을 많이 부리는 등 정서 조절 능력에도 많은 문제를 보이며, 언어 이해력이나 표현력에도 문제가 생기게 된다.

따라서 이러한 자극물은 뇌 세포를 직접 파괴하기도 하고 뇌가 스펀지처럼 흡수해서 각인되기도 하기 때문에, 결정적 시기를 맞고 있는 때에는 가능한 피해야 하는 것이다.

▐▪ 부모가 잘못된 환경을 만든다

최근 유아 자폐증 아이들에게 보이는 공통적인 특징이 있는데, 바로 영상물을 과도하게 시청했다는 사실이다. 뇌가 급진적으로 발달하는 이 시기에 텔레비전이나 전자 매체들의 영상물에 직접 노출되면 뇌는 그대로 그것들을 흡수하여 여러 가지 문제를 발생시키기 시작한다.

다음은 어떤 3살 된 남자아이가 생후 8개월부터 영유아 비디오를 접하면서 병이 들기 시작한 사례이다. 이 아이 엄마는 영어 비디오를 접하면서 남다른 열정을 갖게 되었는데 어릴 때부터 영어 교육을 시키면 자연스럽게 외국인처럼 영어를 잘 할 수 있을 거라고 생각했다. 그래서 아이를 영어 영재로 키우고 싶은 마음에 기회 있을 때마다 영어 비디오테이프를 자주 틀어 주었다. 아이는 비디오를 열심히 보는 것 같아 남들보다 더 많은 시간을 비디오 앞에 앉히고 듣게도 했다.

그런데 이 아이는 세살이 넘었는데도 다른 사람에게 관심도 없고 엄마, 아빠는 물론이고 일체 누구와도 의사소통이 없다고 한다.

아이는 오로지 비디오에만 관심을 보이고 비디오를 틀어 주지 않으면 짜증과 분노를 드러내는 것이다. 장난감에도 전혀 반응하지 않아 급기야 병원이나 상담소를 찾게 되었는데, 안타깝게도 이 아이의 병명은 유아 비디오 증후군이라는 진단을 받게 되었다.

유아 비디오 증후군은 현대 아이들에게 나타나는 새로운 질병으로 비디오나 텔레비전 시청이 그 원인이다. 유아 비디오 증후군은 자폐아와 유사한 증상을 보여 자폐증으로 착각하기 쉽다.

▪ TV를 바보상자라고 부르는 이유

다른 사람과 의사소통은 전혀 하지 않고 유일하게 비디오나 텔레비전에만 반응을 보이는 게 특징으로, 환경이 변하면 불안과 공포 증세를 보이기도 한다. 아이에게는 부모의 따뜻한 말과 행동, 그리고 가슴이 필요하다.

아이는 강렬한 시각적 자극 속에 내던져지면 뇌의 특정 부분, 특히 시각 정보를 받아들이는 후두엽 신경세포망의 과잉 발달을 불러일으킬 수 있다. 영유아기의 뇌 발달은 환경의 영향을 크게 받는다. 따라서 부모가 그 환경을 만들어 주어야 뇌는 자동적으로 잘 발달할 수 있다.

TV 화면은 전환이 빠르기 때문에 전두엽에서 영상 처리 속도를 따라 가지 못한다. TV 화면의 파장은 야외에서 물체를 볼 때보다 아주 좁은 편 이기 때문에 시각은 풍부하게 자극하지 못한다.

그리고 TV나 비디오의 시청은 오감 중 시각과 청각만 자극하며, 계속 시청할 경우 음소의 변별이 어려워진다. 비디오를 시청하는 동안 동공이 확 대되지 않고, 화면을 수동적으로 응시하기 때문에 시각 체계가 제대로 자극 을 받지 못해 훗날 읽기 장애가 올 수도 있다.

뇌 발달의 결정적 시기인 3세에는 시냅스 형성이 가장 활발히 이루어지 고 대뇌의 4개의 엽이 물리적 공사를 완수해서 뇌의 무게가 급격히 증가 하는 시기이기 때문에 풍요로운 환경이 절대적으로 필요하다.

TV나 비디오 시청이 화면에서 본 의미나 심상을 자꾸 놓치게 되어 훗 날 정보를 대충 처리하는 방식으로 이어져서 학습이 곤란해지는 지름길이 된다. 결국, TV를 바보상자라고 부르게 된 이유가 여기에 있다.

특히, TV 시청은 1일 1시간 시청할 경우 10% 확률의 ADHD(주의력결핍 과잉행동장애)가, 1일 5시간 시청할 경우 50% 확률의 ADHD가 나타나는 것 으로 보고되고 있다. TV는 뇌가 필요 없는 활동임을 명심해야 한다.

무엇보다도 부모나 가까운 사람과의 상호 작용이 잘 이루어지면 애착형성도 잘되고 아이의 뇌도 건강하게 발달한다. 최근 거울신경세포가 발견되었는데, 이를 통해 생후 8~9개월부터 오감을 통한 다양한 자극으로, 아이의 뇌 발달이 촉진되고 사회성이 습득된다는 사실이 더 확증되었다.

이로써 TV나 비디오가 아닌 부모를 통해 사회성이나 정서, 인지 발달이 이루어진다는 사실을 다시 한 번 명심해야 한다.

우리 아이
너무 산만해요

지나치게 주의 집중을 못하고 부산하게 움직이며 너무 산만한 아이들에게 나타나는 증상이 있는데, 문자 그대로 주의력결핍 과잉행동장애(ADHD; Attention Deficit Hyperactivity Disorder)이다.

최근엔 갈수록 늘어나 소아 정신 클리닉 환자의 절반을 차지할 정도이다. 전체 아동의 3~5%에서 관찰되고 학동기 아동의 6~9%를 차지하며, 여아보다 남아에게서 2~3배 정도 더 발생된다. 평균적으로 한 학급당 한두 명은 ADHD인 셈이다.

ADHD는 대체로 초등학교 때 쉽게 발견되나 실제로는 출생할 때부터 시작되는 것이다. ADHD는 뇌의 생물학적 질환이다.

노르에피네프린은 집중력과 관련이 있고, 도파민은 반응적 행동이나 충동성을 조절하는 기능을 한다. 또한 노르에피네프린과 도파민은 함께 과잉행동 증상과 관련된 한편, 세로토닌은 공격성과 관련이 있다.

그 외에도 에피네프린과 GABA 등의 다른 신경전달물질이 관련되어 있으며 중추신경계의 작용 외에도 말초신경계의 영향이 거론되고 있다.

▪ 산만한 아이들의 세 가지 유형

ADHD에는 세 가지 유형이 있다. 첫째는 과잉행동과 충동성을 주로 보이는 유형, 둘째는 주의력 결핍을 주로 보이는 유형, 셋째는 두 유형의 혼합형이다.

과잉행동과 충동성을 주로 보이는 유형은, 자리에 앉아 있을 때 안절부절못하고 꼼지락거리고 자기 차례를 기다리는 일을 무척 어려워하며, 조직화되지 못한 모습을 보인다. 자칫 품행 장애를 일으킬 수 있다.

주의력 결핍을 주로 보이는 유형은, 무언가에 항상 주의를 빼앗긴 것같이 보이고 멍해 보이거나 공부 중 상상에 잠겨 있는 것 같은 모습을 보이지만 과잉 행동의 문제는 보이지 않는다. 심한 경우엔 학습장애, 불안, 우울증의 증상을 보일 수 있다.

혼합형을 보이는 유형은, 앞에서 설명한 두 가지 유형의 증상을 폭넓게 지니고 있으며, 대부분은 혼합형이 제일 많다.

ADHD의 치료에는 약물 치료와 행동 치료가 가장 유용하게 사용되고 있다. 약물 치료는 중추신경 자극제가 가장 효과적이며, ADHD 아동의 80%가 약물 치료로 아주 많은 효과를 보이고 있다.

약물은 뇌를 자극해서 주의를 집중시키고 충동을 조절하여 계획을 짜고 일상생활의 규율을 지키는 데 도움을 주는 신경전달물질을 좀 더 많이 만들도록 함으로써 치료 효과를 증진시킨다.

또한 행동 치료는 ADHD에 효과가 확인된 1차 치료의 하나로 간주되고 있다. 행동 치료에는 3가지 원칙이 있는데, 계속 이어지길 원하는 행동을 할 때는 칭찬하고, 싫지만 위험하지 않은 일은 무시해 버리고, 또 위험하거나 인정할 수 없는 일을 할 때는 벌을 준다.

ADHD 아동을 위해 가정에서 할 수 있는 일은, 하루의 계획표를 짜서 지키게 하며, 주의가 산만해지는 일은 차단하여 정리 정돈을 하도록 습관화시키며, 점검표를 만들어 학교 숙제나 해야 할 일을 기억하게 하며, 쉬운 목표를 설정해 실천하도록 도와주는 것이다.

우리 아이
혹시 '틱 장애'

자꾸 눈을 깜박거리거나 코를 씰룩거리거나 또는 킁킁 소리, 음음 소리, 기침 소리 등을 빠르게 반복적으로 나타내는 증상이 있는데, 그것을 가리켜 '틱 장애'라고 부른다. 태어나서 4~5세경에 틱 장애를 보이기 시작하는데 7~11세(아동기)에 가장 흔히 발병되며 남아에게서 2배 정도 자주 발병한다.

∷ 틱 장애의 세 가지 유형

틱 장애는 다음과 같이 3가지로 유형으로 나눌 수 있다. 첫째는 일과성 틱 장애이다. 한 가지 또는 여러 가지 운동 틱 또는 음성 틱이 4주 동안 거의 날마다 나타날 때를 일컫는 말이다. 가장 흔히 발생되어 4~5세경에 발생되는데 눈 깜박거리기, 머리 흔들기, 얼굴 찡그리기가 가장 흔하다.

둘째는 만성 틱 장애인데 운동 틱 또는 음성 틱 중 한 가지가 1년 이상 나타내는 경우이다. 대개 다발성 틱의 형태로 나타난다. 팔, 다리나 몸에 나타난 경우는 얼굴에만 생긴 틱보다 예후가 나쁘다.

마지막으로 뚜렛 증후군인데 다발성 운동(근육) 틱과 한 가지 이상의 음성 틱이 동시에 또는 교대로 나타나며 1년 이상 반복 지속되는 경우이다.

∷ 틱 장애의 특징

틱 장애의 특징은 소아기 발생 시 청소년기에 약화하는 경향이 있으나 성인기까지 지속되는 경우가 많고 음성 틱 전에 근육 틱이 선행되는 경우가 많다.

틱 증상은 크게 음성 틱과 운동 틱으로 분류된다. 먼저 음성 틱이란 빠르고 의미 없는 소리나 말을 포함하는 틱 증상을 말하는데, 운동 틱이 먼저 생긴 후에 시작되는 경우가 많지만 최초의 증상으로 나타나기도 한다.

처음에는 갑자기 소리를 내는 것으로 나타나는데, 예를 들면 헛기침 소리나 코를 훌쩍거리는 소리로 시작한다. 음성 틱에는 기침 소리, 헛기침, 끙끙거리기, 코를 훌쩍거리는 소리, 꿀꿀거리기, 혀 차는 소리, 침 뱉는 소리처럼 아무 의미 없는 시끄러운 소리를 낸다.

단순 음성 틱도 복합 음성 틱으로 변할 수 있는데, 복합 음성 틱은 생활에 전혀 맞지 않는 말을 내뱉는 증상이다. 예를 들면, 다른 사람의 말을 그대로 흉내 내는 반항언어증이나 똑같은 말을 반복하는 동어반복증도 복합 음성 틱의 대표적인 증상이다. 헛기침 소리나 코를 훌쩍거리는 소리는 마치 낫지 않은 감기 증상으로 착각하는 경우가 많다.

또한 듣기에 민망할 정도의 과도한 욕설을 하는 버릇도 있는데, 이는 강박적 외실어증으로 복합 음성 틱의 가장 심한 증상이다.

그리고 운동 틱이란 근육 운동을 포함하는 틱을 말한다. 이는 대개 5~7세 무렵에 시작되는데, 눈 깜박거림이나 한쪽으로 빠르게 머리를 젖히는 등의 갑작스런 동작이나 운동으로 나타난다. 동일한 틱이 하루 중 갑자기 나타나거나 피곤하고 스트레스를 받는 생활에서 악화되기도 한다.

가장 심한 운동 틱으로는 눈 깜박거림, 어깨 으쓱거리기, 얼굴 찡그리기, 코 씰룩거리기, 목 경련 등이다. 단순 운동성 틱이 지속되다가 복합 운동 틱으로 변하기도 하는데, 복합 운동 틱은 동작이 더 느리기 때문에 의도적인 행동으로 보인다.

복합 운동 틱은 만지기, 회전하기, 빙그르 돌기, 혀 내밀기, 냄새 맡기, 꼬집기, 뛰기, 발 구르기 등이 있다. 복합 운동 틱은 얼굴을 찡그리면서 몸을 동시에 움직이는 형식이다.

　틱 장애의 원인으로는 첫째, 뇌 신경전달물질인 도파민이 너무 많이 분비되어 생기는 경우이다. 뇌 신경전달물질의 생성 작용에 중요한 역할을 하는 도파민이 많이 분비되거나 노르에피네프린과 세로토닌이 너무 적게 분비되어 나타난다.

　둘째, 상당히 강한 유전성을 가진 질환이다. 틱 장애를 가진 아들의 부모가 틱 장애를 가진 경우가 흔하다.

　셋째, 산모가 스트레스를 심히 받는 경우 아이가 틱 장애를 유발할 수 있으며, 아이가 성장하면서 놀림이나 따돌림을 받는 경우, 그리고 부모의 끊임없는 공부에 대한 간섭이나 압박 등으로 생길 수도 있다.

　틱 장애는 ADHD와 강박 장애가 동시 이환될 수 있다. 틱 장애의 가장 중요한 치료법은 도파민의 양을 줄이는 약물 요법이 최상인데, 70~80% 이상이 호전되면 이완 요법과 역설 요법 등을 사용한다. 만성 틱 장애나 뚜렛 증후군은 완치되는 병이 아니므로 제때 치료를 받아야 호전될 수 있다.

인터넷 게임,
뇌 발달장애를 부른다

컴퓨터의 발달로 인해 인터넷이 삶의 일부가 된 가운데 인터넷 중독이 심화되어가는 실정이다. 컴퓨터에 가장 빨리 친숙해지는 방법이 게임인데 아이들도 손쉽게 게임을 즐기고 있다.

2005년 한 보고에 의하면 인터넷 중독 상담 중에 초등학생이 7.76%, 중학생이 58.26%, 고등학생이 23.95%, 일반인이 3.8%이었다. 그런데 얼마 전 경기도 교육청의 조사에 의하면 초등학생이 고등학생보다 인터넷 중독이 더 심각해지고 있다는 보고이다.

이는 인터넷 중독이 계속해서 '저령화'되고 있다는 사실이다. 우리나라 아이의 3~5세 사이 50% 가량이 인터넷을 사용하고 있다. 그 중에 93% 가 게임, 오락 등을 이용하고 있음을 상기해 볼 때 인터넷의 저령화 현상은 당연한 귀결이다.

문제는 장기간 게임을 해온 어린이의 뇌파가 중증 치매 환자의 뇌파와 흡사하며 게임 중독자의 뇌 단층 촬영 사진은 알코올 중독자의 사진과 유사하다는 특징을 보이는 점이다.

특히, 뇌 발육기나 초등학교 저학년 때 게임에 집착하면 뇌 신경 회로가 쉽게 변화하기 때문에 그 위험성은 더욱 커진다.

어린 나이에는 게임에 중독되기가 더 쉬우며 일단 중독되면 대뇌 활동이 위축되어 대뇌 전두엽 부위의 균형적인 발달에 나쁜 영향을 주게 된다.

또한 읽기 장애와 상상력이 저하되고 어린이의 어휘력도 평균보다 70~80% 밖에 못 미친다는 것이다.

▪ 지나친 게임은 학습능력이 저하된다

게임을 많이 하면 학습능력 저하를 보이는데, 이는 뇌 속에서 학습한 것이 저장되는 공간이나 게임 정보가 저장되는 공간이 동일하기 때문에 게임과 학습을 병행할 경우, 학습된 정보가 뇌 속에 저장되는 데 방해를 받기 때문이다.

또한 게임을 하는 동안 시각계의 신경 활동이 너무 강력해서 이성적 판단이나 계획적 사고 등을 관장하는 전두엽 전부피질의 세포 활동이 거의 정지해 버린다.

전두엽 전부피질의 기능이 저하되면 자기 통제가 잘 안 되고 충동성 경향을 띄게 되어 결국 범죄를 일으키거나 자살을 하게 된다.

인간의 뇌는 시냅스의 반복 자극에 의해 신경 회로가 형성된다. 만일 무언가를 반복하여 뇌에 쾌감을 느끼는 보상을 반복하면 인간의 뇌는 그 행위를 습관적으로 반복하려고 한다. 이로 인해 게임이나 마약, 알코올 중독이 생기는 것이며, 어릴 때일수록 인터넷 게임에 습관화되는 것은 결국 뇌 발달장애를 일으키기 쉽다는 것이다.

아이들의 뇌는 엄마의 사랑에 반응하며 발달되어 간다는 사실을 기억해야 한다. 끊임없는 사랑과 대화 그리고 놀이 활동을 통해 인터넷 게임에서 해방되도록 세심한 배려와 노력이 필요하다.

묵상할 때
발생되는 뇌파

묵상할 때 발생되는 뇌파는 세타파이다. 수년 전까지만 하더라도 어떤 한 천재가 어려운 문제를 푸는 것을 보면서 저 천재의 뇌 속에서 지금 어떤 일이 일어나고 있는가에 대해 막연하게 상상할 수밖에 없었다.

당시의 신경과학자들은 인간의 뇌는 고도로 복잡한 시냅스 구조물과 수상돌기 그리고 축색돌기 등으로 얽혀 있어서 이 구조물들을 통해 어떤 메시지가 이쪽저쪽으로 다니다가 궁극적으로 어떤 의미 있는 생각이나 통찰이 일어나는 것이라고 추측했다.

그러나 오늘날에는 새로운 기술이 개발되어, 창의적인 생각이 떠오르거나 묵상처럼 뇌의 휴식이나 이완 상태일 때도 뇌 속의 움직임들을 낱낱이 기록할 수 있는 뇌 영상 기록 기법이 발달되었다. 그야말로 이전에는 상상도 할 수 없었던 새로운 기술의 개발이다.

▪ 뇌 영상 기록 기법

매순간 뇌 속에 있는 신경원들은 전기적 충격을 낸다. 이러한 개별적 충격은 규칙적인 형태로 조직되는데, 이를 뇌파라 부른다. 뇌파도 다른 물리적 파형과 같이 속도, 주기, 세기가 다르다. 일반적으로 다음과 같은 네 가지의 뇌파 유형이 있다.

첫 번째, 베타파(β파; 초당 13~24주기)는 빠른 주파수를 가지며, 대체로 눈을 뜨고 생각하고 활동하는 동안 나타나는 빠른 뇌파이다. 정상적 인지 기능이나 불안과 관련 있는 정서 상태의 뇌파이다.

정신 집중 상태일 때 일어나는 뇌파로, 일상적인 일을 할 때나 놀 때 나타나는 활동적인 의식 상태이다. 또 논리적 사고나 문제를 해결할 때, 외부 자극을 받을 때도 베타파가 발생한다. 베타파 상태일 때는 도파민이 분비 된다.

그러나 ADHD 환자는 베타파 상태를 유지 못한다. 그래서 ADHD 치료는 세타파를 감소시키고 베타파의 양을 증가 시키는 치료를 한다.

두 번째, 알파파(α파; 초당 8~12주기)는 느린 주파수를 가지며 이완 상태에서 나타나는 뇌파이다. 일반적으로 알파파가 나타나지 않으면 불안과 스트레스를 경험하고 있다고 추측한다.

알파파 출현은 쾌적한 기분 상태와도 관련이 있다. 특히 학습을 집중할 때 알파파가 높고, 베타파는 낮다. 눈을 감고 있을 때나 공상에 잠길 때 알파파가 발생하며, 이때 멜라토닌 분비를 자극한다.

세 번째, 세타파(Θ파; 초당 5~7주기)는 막 잠들기 전 상태에서 발생하는 느린 뇌파이다. 즉, 백일몽 상태이거나 이완 중일 때 발생하는 뇌파이다. 베타파보다 2~4배 정도 느리며, 각성과 수면 사이에 있는 묵상 상태를 말한다.

흔히 세타파를 경험할 때 사람들은 잠재의식(subconscious) 상태에서 정보에 접근하며 흔히 과거 속에 있는 영상을 본다. 또한 이때는 깊은 개인적 통찰을 경험하기도 하고, 창의적인 생각이나 창의적인 문제 해결력이 생겨난다. 세타파는 유쾌하고 이완된 기분과 극단적인 각성과도 결합된 뇌파이다.

ADHD로 진단된 사람들에게서 이 뇌파가 과도하게 보이는데, 게임을 집중하거나 할 때 세타파가 강하게 나타난다. 세타파는 기억을 촉진시켜 학습능력을 증가시키기도 한다. 뇌파가 세타파와 베타파 사이에 있는 사람들은 대개 불안이나 신경증(우울) 수준이 낮은 것으로 나타난다.

네 번째, 델타파(δ파; 초당 1~4주기)는 수면에 들었을 때 나타나는 매우 느리고 불규칙적인 뇌파이다. 델타파가 과도할 경우에 자기 자신의 욕구를 망각한다. 대개 높은 수준의 세로토닌과 관련되어 있다.

가장 각성이 잘 이루어진 인지 상태를 지칭하는 뇌파가 세타파이며 이것은 묵상하는 동안 나타나는 특정한 뇌파이다. 하지만 세타파는 전적으로 묵상하는 동안에만 나타나는 것은 아니다.

하루에도 여러 번 나타날 수 있다. 묵상을 오랫동안 수행한 사람들은 비록 묵상을 하지 않는 동안에도 세타파를 경험할 수 있다.

▪▪ 세타파는 기억력을 촉진시킨다

일반인들도 통찰이 일어난다거나 창의적 생각이 일어나는 순간 세타파를 경험할 수 있다. 실험에 의하면 사람들이 어떤 어려운 문제에 시달리고 있다가 갑자기 해결책이 발견되는 난관 돌파가 이루어질 때 세타파가 나타난다고 한다.

이런 현상은 골치 아프게 오랫동안 끌어오던 문제가 해결되어 긴장이 이완됨으로 일어나는 현상이다. 이러한 세타파 발생 현상은 난관 돌파, 통찰력의 순간 또는 깨우침과 같은 직관이 나타날 때 일어나는 현상이라고도 할 수 있다. 이 세타파의 출현은 뇌 속의 산화질소 발생과도 밀접한 관련이 있는 것으로 알려져 있다.

한편 우리가 어떤 문제로 좌절하고 있거나 허덕이고 있을 때 베타파가 발생한다. 이러한 베타파가 나타날 때는 정서적으로 우울하거나 불안감을 느낄 때이다.

한 뇌파 연구에 의하면 연구자가 피험자에게 창의성을 요구하는 복잡한 문제를 제시했더니 피험자가 온갖 노력 끝에 문제를 해결하기 위한 적절한 접근법을 찾았는데, 그 순간 뇌파가 세타파로 바뀌었다고 한다.

어떤 연구자는 피험자의 학습능력을 증진시키기 위해 피험자의 뇌 속에 세타파 발생을 자극하는 방법을 개발했고, 또 다른 연구자는 세타파를 야기할 수 있는 교수법을 개발했다고 한다.

이처럼 세타파 발생을 촉진시켰더니 하루에 새로운 외국어 단어를 500개나 가르칠 수 있었고 이렇게 학습한 단어를 6개월 후까지 평균 88%나 기억할 수 있었다고 한다.

이렇게 학습능력이 증가하는 이유는 세타파가 기억 응고 과정을 강화시키기 때문이다. 매번 정보에 노출될 때마다 기억이 산술적으로 덧붙여지는 것이다.

기억력,
이것을 섭취하라

        사람마다 개인차는 있지만 대부분 나이 50이 넘으면 기억력이 떨어진다고 한다. 그런데 실제로 뇌의 신경세포는 나이가 들면서 죽기도 하지만, 다시 태어나기도 한다. 때문에 조금만 더 신경 써서 관리한다면 기억력 저하는 얼마든지 막을 수 있다.

  기억은 뇌의 대뇌피질 바로 안쪽에 있는 대뇌 변연계에 속한 해마에서 담당하고 있다. 새로운 기억은 보통 해마와 그 주변에서 기억하는데, 사건이나 풍경을 기억하는 이른바 사건 기억의 경우 해마와 그 주변, 시상전내측부와 전뇌기저부에서 관여하고 있으며, 가장 오래된 원격 기억은 측두엽 등 대뇌피질에 저장된다.

그리고 저장된 기억 중 필요한 것은 남기고 불필요한 것은 지워버리는데, 그 역할을 담당하는 곳이 바로 해마이다. 특히 기억은 신경세포와 연접한 '시냅스'와 깊은 관련이 있다. 다시 말해, 기억은 시냅스 없이는 생각할 수 없다는 것이다. 기억은 뇌 속의 어느 한 군데에 저장되는 것이 아니라 여러 시냅스의 네트워크로 존재한다.

시냅스는 새로운 것을 배울수록 많이 형성된다. 예를 들면, 장난감이 가득한 곳에 쥐를 넣어두면 그 쥐는 4일 이내에 새로운 수상돌기를 만들기 시작한다.

이러한 과정을 거쳐 시냅스는 늘어나고 뇌에 정보가 기억되는 것이다. 그러나 반대로 스트레스를 받으면, 코르티솔이라는 스트레스 호르몬이 대량으로 분비되어 수상돌기가 쪼그라져 시냅스는 2주 안에 약해진다.

▪ 기억력을 잡아라

정보가 뇌 속에 축적되고 이용되며, 다른 정보와 연결되는 데 중추적인 역할을 하는 것이 바로 해마에 많이 있는 신경전달물질인 아세틸콜린이다. 이것이 부족할 경우, 기억력 저하의 주요인이 된다.

그렇다면 아세틸콜린을 섭취해 기억력을 높일 수 있지 않을까. 답은 '그럴 수 없다'이다. 아세틸콜린은 혈액과 뇌 조직 사이에 있는 혈액 뇌 관문을 통과할 수 없기 때문이다. 또한, 콜린을 먹으면 될 것 같으나 이는 장내

효소에 의해 분해되기 때문에 아세틸콜린으로 변화되기 힘들다.

이처럼 아세틸콜린이나 콜린을 직접 먹으면 뇌에 들어가지 못하기 때문에, 기억력을 향상시키려면 아세틸콜린의 원료를 먹으면 된다.

그 원료는 인지질의 한 종류인 PPC(포스파티딜콜린)와 PS(포스파티딜세린), 그리고 뇌 활성재인 DMAE(디메틸아미노에탄올)가 여기에 속한다. PPC의 주 공급원은 달걀이나 콩 식품 또는 낫토, 그리고 어류이며 PPC가 뇌 속의 효소에 의해 아세틸콜린으로 전환될 때는 비타민 C, B_1, B_{12}, 판토텐산이 필요하다.

PPC의 섭취량은 하루 1~2g 정도로, 중년층이나 고령층에서 기억력이 좋아지고, 건망증 같은 실수를 절반으로 줄이는 데 도움이 된 것으로 보고되고 있다.

그리고 PS는 신경세포의 수용체를 지탱해 주는 세포막이 되어 기억력을 증강시킨다. PS 보조제를 복용하면, 학습장애와 아동의 학습능력이 향상된다. 또한 DMAE는 혈액의 뇌 관문을 쉽게 통과하기 때문에 아세틸콜린을 생산하는 데 훨씬 도움이 된다. 불안함이나 초조함도 진정시키며, ADHD 치료제인 리탈린보다 2배 더 효과가 있다. 정어리에 많이 함유되어 있으며 DHEA도 풍부하다.

그 외에도 인지 능력을 높이는 데 효과적인 아미노산인 피로글루탐산과 뇌의 연료인 글루타민이 있는데, 기억력 향상뿐만 아니라 기분도 좋게 만든다.

▪ 기억력 저하와 시력 저하

기억과 관련된 영양소에는 나이아신(B_1), 판토텐산, 비타민 B_6, B_{12}, 그리고 미네랄인 아연이 있다. 씨앗류, 콩류, 땅콩류에 함유되어 있으며, 굴에 특히 풍부하게 들어있다. 하루 10mg 정도 섭취하면 된다.

나이가 들어감에 따라 제일 먼저 나타나는 현상이 기억력 저하와 시력 저하이다. 기억력이 떨어지고 있다고 생각이 되면, 아세틸콜린의 원료가 많이 들어있는 식품이나 보조제를 먹으면 회복이 될 수 있다는 확신을 갖고 정신건강에 더욱 신경 써야 한다.

중독,
연쇄 중독으로 이어진다

       우리 사회를 병들게 하는 4대 중독은 바로 인터넷 게임·도박·알코올·마약(약물) 중독이다. 중독 포럼에 의하면 인터넷 게임 중독 233만 명, 도박 중독 220만 명, 알코올 중독 155만 명, 마약 중독 10만 명으로 4대 중독에 시달리는 이들이 약 618만 명에 달한다. 그러나 이보다 훨씬 더 많다고 보는 것이 전문가들의 일반적인 견해다.

    중독으로 인한 사회·경제적 비용은 연간 109조 5,000억 원으로 추산되는데, 흡연 10조 원, 암 14조 원과 비교해봤을 때 8~11배의 높은 수치다. 결국 중독 문제를 계속 방치할 경우 우리 사회가 감당해야 할 부담은 더욱 늘어날 수밖에 없다.

▪ 게임과 도박의 속성은 비슷하다

무엇보다 가장 큰 문제는 중독에 한번 빠지면 벗어나기 쉽지 않다는 점이다. 일단 중독 성향을 갖게 되면 또 다른 중독에 빠지기는 더욱 쉬워진다. 중독은 꼬리에 꼬리를 물고 잇따라 새로운 중독을 경험하게 되는데 이를 '연쇄 중독'이라고 한다.

A씨는 10대 청소년기에 스트레스를 해소하기 위해 인터넷 게임을 시작했지만, 중독 성향이 강해 정신병원까지 입원했다. 이후 대학을 졸업하고 취직을 했으나 다시 알코올 중독에 빠져서 해고를 당하게 됐다.

또 다른 직장인 B씨는 심심풀이로 인터넷 게임을 시작했다가 도박 중독에 빠지게 되었다. 이후 잘 다니던 직장을 그만두고 인터넷 도박에만 열중하다가 급기야 인터넷만으로 만족하지 못하고 경마, 경정, 경륜까지 손을 댔고 이혼까지 하게 됐다.

게임과 도박은 매우 비슷한 속성을 갖고 있다. 특히 모든 중독자의 뇌는 중독 물질이나 행동을 접할 때 비슷하게 반응한다. 정상인의 뇌는 별다른 변화가 없는 반면, 중독자의 뇌는 전두엽의 쾌락 중추가 급격히 활성화되어 있다. 때문에 모든 중독은 연쇄 중독으로 이어지기 쉽다. 그 중에서도 게임 중독은 연쇄 중독으로 가는 길목이다.

대만의 한 연구진은 논문 발표를 통해 인터넷 사용이 음주로 이어지는 '중독의 연쇄성'을 확인한 바 있다. 연구진은 먼저 16세 청소년 1,468명을 대상으로 인터넷 사용 실태를 조사를 한 다음, 4년 뒤 이들이 20세가 됐을 때 음주 여부를 추적 조사했다.

그 결과, 16세 때 PC방을 드나들며 학업과 무관하게 인터넷을 사용했던 청소년들의 고위험 음주율은 PC방을 출입하지 않았던 청소년들에 비해 2.7배나 높은 것으로 나타났다. 또 전체의 25.9%는 20세가 되면서 마시게 됐고, 이중 16% 정도는 한 달에 3번 이상 과도하게 술을 마시는 고위험 음주군에 속해 있음을 확인할 수 있었다.

이는 청소년기에 오락 목적으로 인터넷 게임을 지나치게 사용한 것이 지나친 음주로 이어질 수 있는 중독의 연쇄성을 보여준 연구 결과라 할 수 있다.

결국 10대 때 시작된 과도한 게임은 뇌의 중독 중추를 걷잡을 수 없이 활성화시켜 알코올 중독으로 진행될 수 있다. 따라서 어린 나이에 중독의 길로 유혹하는 게임 중독의 문제를 하루 빨리 해결해야 한다.

▪ 청소년 게임 중독, 예방이 중요

청소년들이 인터넷 게임에 중독되어 정상적인 생활을 제대로 못하거나 사망에 이르는 사건이 벌어지자, 여성가족부는 청소년 인터넷 중독을 예방하기 위해 2011년 11월에 '셧다운(shutdown) 제'를 도입했다.

셧다운 제란 16세 미만 청소년들이 자정부터 새벽 6시까지 인터넷 게임을 하지 못하게 제한하는 제도이다. 16세 미만의 청소년이 게임을 하다가 자정이 되면 게임이 자동으로 정지되고 새벽 6시까지 게임 사이트에 다시

로그인을 할 수 없게 된다.

이 셧다운 제도가 시행된 후 게임 업체들은 제도 폐지를 주장하며 헌법 재판소에 제소했다. 그러나 위헌 청구 2년 만에 헌법재판소는 '강제적 셧다운 제'를 합헌이라고 결정내렸다.

청소년보호법에는 인터넷 게임 제공자는 16세 미만 청소년에 대해 오전 0시부터 6시까지 인터넷 게임 서비스를 제공해서는 안 되며, 이를 위반하면 2년 이하 징역 또는 1,000만 원 이하 벌금에 처한다고 명시되어 있다.

이에 헌법재판소는 셧다운 제의 합헌 결정문에서 "청소년의 게임 이용이 높고 게임에 과도하게 몰입할 때 생기는 부정적 영향, 자발적으로 중단하기 쉽지 않은 인터넷 게임 특성을 고려할 때 과도한 규제라고 보기 어렵다."며 "강제적 셧다운 제를 적용한 것에는 합리적 이유가 있다."고 밝혔다.

인터넷 게임 자체가 유해한 것은 아니지만 청소년들이 건전하게 성장할 수 있도록 하며, 사회적 문제도 예방하는 차원에서 입헌 목적이 정당하다는 것이다.

또한 헌재는 "셧다운 제의 적용 대상을 16세 미만 청소년에 한정하고 있고 금지 시간을 오전 0시부터 6시까지만 적용하고 있기 때문에 과도한 규제가 아니다."라고 판단했다.

실제로 과도한 규제라는 의식을 피하기 위해 여성가족부 장관이 2년마다 적절성 여부를 평가하고, 시험용이나 교육용 게임물 적용은 배제하는 등 피해를 축소화하는 장치가 마련돼 있다.

연쇄 중독의 시작이 게임에서 시작된다는 점을 고려해 볼 때, 셧다운

제를 통해 게임 중독을 예방하고 그 실효성을 높일 수 있는 정부의 일원화
된 정책이 필요한 때이다.

아동학대,
씻을 수 없는 상처로 남는다

　　최근 경북 칠곡과 울산에서 계모가 의붓딸을 학대해 사망케 한 사건으로 우리 사회에 큰 파장을 일으킨 가운데, 이번에는 경북 구미에서 친아버지가 생후 28개월 된 아들을 살해해 숨지게 한 사건이 발생했다.

　　이 아버지는 인터넷 게임에 빠져 배고파 보채는 아들을 목 졸라 죽이고 숨진 아들을 35일간 집에 방치한 채 평소처럼 생활하다 범행을 숨기기 위해 아들의 시신을 쓰레기 봉투에 넣어 유기했다.

　　칠곡과 울산의 계모 사건으로 아동학대에 대한 들끓는 여론이 계모에게 집중되었지만, 보건복지부 발표에 따르면, 계모가 주범인 경우는 3.7%이고, 계부도 1.6%를 차지한다. 반면, 아동학대의 주범이 친부인 경우는 76.2%로, 친모 35.1%보다 6%p 가량 높았다.

아동학대의 빈도를 보면, 거의 매일이 38.7%, 2~3일에 한 번이 15.4%로 피해 아동 절반 이상이 적어도 사흘에 한 번 이상 학대를 받는 것으로 나타났다. 즉, 사적 공간이라고 방치하는 가정이 학대의 장소가 되고, 친아빠 친엄마가 아동학대의 주범이라는 결과다.

아동학대는 구타를 당연시 여기는 일부 부모들의 잘못된 인식에서 비롯된다. 자녀를 부모의 소유물로 여긴다거나 체벌을 훈육의 수단으로 생각하는 것이다.

또한 대부분의 아동학대는 부모의 음주 문제와 관련 있는데, 실제로 2013년 우리나라의 아동학대 가해자 중에서 음주 비율은 82.2%였으며, 아동 성폭력 범죄 가해자의 범죄 당시 음주 비율은 37.1%에 달했다. 미국 7.9%, 독일 8.2%인 것에 비하면 우리나라의 음주 문제는 아동학대에 크게 영향을 끼치고 있음을 알 수 있다.

▪ 학대는 또 다른 학대를 낳고

무엇보다 심각한 문제는 우리나라의 아동학대 사건 중 14.3%가 '재학대'라는 점이다. 그러나 현행법상 격리 조치가 필요하다고 할지라도 부모가 반대할 때는 강제로 할 수 없다. 때문에 피해 아동이 시설 등에 거주하면서 원 가족과 격리되는 사례는 전체의 30.3%에 불과한 실정이다.

국민을 분노케 한 칠곡과 울산 계모의 의붓딸 학대 사망 사건도 아동 보호 전문기관에 신고되어, 학대 판정을 받았음에도 불구하고 부모를 격리시키지 않아 생긴 비극이었다.

반면 선진국에서는 아동학대로 사망에 이를 경우 법원 판결을 통해 친권 개입, 가해자 처벌을 강화하고, 공공시설보다 가정 보호를 선호하는 등 아동 인권 보호에 적극적으로 나서고 있다.

▪ 아이들은 천하보다 보배롭고 가치 있는 존재다

미국의 경우 1974년 '아동학대 예방 및 치료에 관한 법(CAPTA)'을 시작으로 각종 관련법을 제정, 가정 내에서 일어나는 아동학대에 대해 강력히 대응하고 있다. 또 미국, 영국, 캐나다에서는 술 마시고 아이를 학대하면 친권을 박탈하기도 한다.

이에 보건복지부는 아동학대 위험성 평가 도구를 개선할 방침이라고 발표했다. 아울러 법무부에서는 자녀에 대한 부모의 권한남용과 학대를 방지하기 위해 친권을 일시적으로 정지하거나 특정 범위를 정해 친권을 제한할 수 있는 내용이 담긴 입법개정안이 2014년 4월 1일 국무회의를 통과했다.

이로써 법원이 자녀를 학대하는 부모의 친권을 2년 이내 기간 동안 정지시킬 수 있게 되며, 1회에 한해서 2년 연장이 가능해진다. 가족 관계를 완전히 단절시키지 않으면서도 법원이 후견인을 지정해 최대 2년간 학대 아동을 보살필 수 있게 되는 것이다.

또한 개별 사안을 한정해 친권을 제한하는 것도 가능해진다. 종교적 이유로 부모가 자녀의 수술을 거부하거나 개인적 신념으로 의무 교육을 거부하는 학대의 경우와 같은 특정 상황에 대해서만 국가가 개입하는 방식이다. 이 경우 가정법원이 부모를 대신해 친권 제한에 동의하게 된다. 아동 학대에 대해 맞춤형 처방이 가능해진 셈이다.

학대를 당한 아동들은 감정을 조절하는 이성의 뇌인 전전두엽의 기능이 약화되어, 거짓말을 자주하거나 타인에 대한 공격성을 드러내게 된다.

특히 신체 학대는 커다란 정신적 외상이 되어 마음속에 모성이 건강하게 형성되지 않아 관계 형성에 문제가 되기도 한다. 즉, 사랑받지 못하면 뇌 성장에 치명적일 수 있다.

부모의 방치와 학대 속에서 자란 3살 아이의 뇌는 정상 아이의 뇌에 비해 수축되어, 제대로 성장하지 못한 아이는 마약 중독, 폭력과 범죄 등으로 연관될 가능성이 높을 뿐만 아니라, 정신장애나 건강에 심각한 문제가 생길 가능성이 높은 것으로 알려져 있다.

아이들은 천하보다 보배롭고 가치 있는 존재다. 사랑을 통해 자녀를 양육하는 것이야말로 최고의 양육 방식이라는 것을 잊지 말아야 한다.

03

사랑은 바람을 타고

행복한 부부관계,
뇌에서 시작한다

부부 문제를 상담하면 종종 이런 대화를 듣는다. "남편은 조금이라도 자기 맘에 안 들면 불같이 화를 내요. 무서워서 못살겠어요! 이건 너무 심해요? 그렇죠?"라고 아내는 남편의 행동을 지적한다. 그러면 남편은 "아내가 바가지를 너무 긁어서 못살겠어요. 내가 자기 아이도 아니고, 정말 화가 납니다. 아내가 심한 것 맞죠?"라며 다시 아내의 행동을 꼬집는다.

이들은 상담자에게 서로의 잘못을 확인하려고 한다. 때로는 배우자가 치약을 중간부터 짜는지, 양말은 뒤집어 벗어 놓는지, 수건을 펼쳐서 걸어

놓는지 등등 정말 사소한 문제로 싸우는 경우도 있다.

그런데 이러한 모든 갈등이 불안정한 뇌에서 시작된 것이라면? 뇌는 인간의 모든 생각과 감정, 행동을 관장하는 곳으로서 사령탑인 뇌가 안정되면 그로부터 나오는 생각과 감정, 행동도 안정된다. 즉, 부부 사이라도 뇌의 어느 영역을 사용하고 반응하느냐에 따라 부부생활의 행복과 불행이 결정된다고 볼 수 있다.

▪ 부부관계를 결정짓는 세 가지 뇌의 영역

그렇다면 부부관계를 결정짓는 뇌는 어떤 모습일까? 인간의 뇌는 다양한 방법으로 구분할 수 있는데, 사람들과의 관계를 형성할 때 반응하는 3가지 측면으로 다음과 같이 살펴보고자 한다.

부부관계를 결정하는 데는 먼저, '파충류의 뇌'라고 불리는 뇌간의 작용을 들 수 있다. 악어나 도마뱀을 포함하여 모든 동물에게 있으며, 그중 파충류의 뇌는 생존에 관심이 있기 때문에 만약 위험을 느끼면 즉각적으로 반응하여 살아남으려 한다. 따라서 위험에 대해 어떤 반응을 하게 되는데, 첫 번째 반응이 공격하거나 도망가기이다.

예를 들면 개가 낯선 사람을 보면 으르렁거리며 물거나 또는 도망가는 것처럼 말이다. 많은 남편들이 상황으로부터 도피하여 나가버리거나 먼저 공격하는 방식을 취하는 것이다.

또 다른 방법은 죽은 척하기이다. 가령 사슴은 사냥꾼들이 지나갈 때까지 꼼짝 않고 죽은 척하며 기다린다고 한다. 이 부류의 남편들도 상대방을 가만히 바라보면서 어떤 해결이 있을 때까지 죽은 척하고 기다린다.

그 외에도 숨기, 복종하기 등이 있는데, 복종하기는 갈등을 피하려고 내심으로는 원하지 않으면서도 "당신이 하고 싶은 대로 하세요."라고 하며, 때로는 아이들 방으로 숨어버리기도 한다. 이러한 본능적인 행동들이 우리 부부 사이에 일어나는 기본적인 생존기술법들이다. 즉 파충류와 같이 단순한 생존방어기제를 부부관계에서도 많이 사용하고 있다는 말이다. 이 은 생각하는 뇌를 사용하지 않고 본능적으로 반응한다고 해서 '반응하는 뇌'라고 불린다.

두 번째로 부부관계를 결정짓는 데 '포유류의 뇌'라 불리는 대뇌 변연계의 작용이 있다. 이곳은 우리가 느꼈던 감정들을 기억하며 저장하는 곳이다. 모든 포유동물들이 어떤 느낌을 가지고 사는 것은 바로 이 부분 때문이다. 이 포유류 뇌의 주요 기능도 생존과 연관이 있다. 그래서 자신이 과거에 느꼈던 어떤 특정한 패턴을 공포와 위험, 상실, 죽음과도 연관하여 인식한다.

그런데 희한하게도 시간을 인식하지 못하기 때문에, 다섯 살 때 이 부분에 저장된 공포와 위험은 서른다섯 살이 되어서도 똑같은 공포와 위험으로 느껴지게 된다. 즉 어린 시절에 저장된 기억들, 예를 들면 아주 무서운 감정적 상처나 상실, 두려움 같은 것들이 현재 부부관계에서 다시 나타날 수 있는 것이다.

시간의 차이를 인식하지 못하기 때문에 과거 부모로부터 받은 상처를 현재 남편이나 아내로부터 받고 있는 상처와 구분이 안 되어 자신도 모르게 더 예민하게, 더 세게, 더 크게 반응하게 되는 것이다.

과거의 일들과 뇌의 상관관계에 대해서 모르는 대부분의 부부들은 단지 현상만 보고서 서로 이해할 수 없게 되고, 비난하게 되고, 급기야는 가정이 깨어지는 경우까지 생긴다.

마지막으로 부부관계를 결정짓는 데 가장 중요한 것은 '사고하는 뇌'라고 불리는 대뇌신피질의 작용이다. 말하고 글을 쓰고 계산하는 등 논리적인 사고를 하며, 지식을 쌓고 계획하고, 추상적인 사고를 하는 기능을 갖는다. 이 뇌로 인하여 인간은 다른 동물들과 달리 자신의 행동을 관찰하고 평가할 수 있다.

▪ 부부 행복의 첫 단계, 사고하는 뇌를 사용하라

배우자를 결정할 때 어떤 뇌가 더 결정적으로 영향을 주는가? 그것은 바로 감정을 기억하는 '포유류의 뇌'이다. 시간에 대한 인식이 없는 우리의 감정 뇌는 과거나 현재를 동일한 시간대로 착각하면서 어린 시절의 상처를 현재에 치료하려는 욕구를 가지고 있다. 그래서 자신도 모르게 부모와 비슷한 사람에게 끌리게 되고, 어릴 때 받지 못했던 이해와 사랑이 배우자에게서 충족되어지면 우리의 감정 뇌는 부모에게서 충족된 것으로 착각하며 만족하게 되는 것이다.

부부심리치료사 하빌 핸드릭스 박사는, 우리가 배우자와 사랑에 빠졌던 이유는 바로 감정 뇌가 배우자와 부모를 같은 사람으로 착각을 했기 때문이라고 한다.

만약 사람들이 논리적이고 합리적인 뇌를 사용하여 배우자를 선택한다면 그들은 자기 부모의 부족함을 재연하고 가중시키는 상대가 아니라 그 부족함을 보완해줄 상대를 찾게 될 것이다.

우리의 반응적인 원초적 뇌와 사고하는 뇌가 사람들의 결혼생활에 미치는 영향을 아는 것이야 말로 행복한 부부 생활을 위한 첫 단계이다. 부부 관계에서도 어릴 적 부모로부터 받은 상처가 더 이상 우리 가정에 나쁜 영향을 미치지 않게 하려면 사고하는 뇌를 많이 사용해야 한다.

그 동안의 패턴을 벗어나는 것이 쉬운 일이 아니지만, 행복을 향한 의지만 있다면 그다지 어려운 일도 아니다. 왜냐하면 이혼 위기까지 갔던 많은 부부들도 상담과 훈련을 통하여 지금은 행복한 가정을 꾸미고 있기 때문이다.

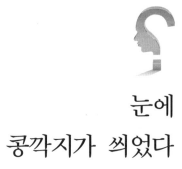

눈에
콩깍지가 씌었다

      대부분의 사람들이 사랑에 빠지면, 멀리서 어렴풋
이 그 사람의 모습만 보여도 또는 음성만 들려도 심장이 쿵쿵 뛰며 손과
발에서는 땀이 나고 머릿속이 멍해지기도 한다. 그 사람과 관련된 것이라
면 무엇이든지 다 좋게 보이는 이때를 우리는 "콩깍지가 씌었다"고 표현
한다.

    그러나 세월이 지나 콩깍지가 벗겨지고 제정신이 들면, 대부분의 사람
들은 "내가 그때는 눈이 멀었었지. 저 사람이 어디가 좋았을까?"라며 한탄
하게 된다. 도대체 무슨 이유로 "저 사람 없이는 못살아"에서 "저 사람

때문에 못살아"로 바뀌는 것일까?

사람은 사랑에 빠지면 뇌에서 노르 에피네프린, 페닐에틸아민과 같은 화학 물질이 넘쳐나게 된다. 실제로 우리 몸에 흐르는 '페닐에틸아민'이라는 호르몬은 일종의 마약처럼 우리의 몸과 마음을 마비시킨다고 해서 일명 '콩깍

지 호르몬'이라고도 불린다. 이 호르몬이 평생 우리의 몸과 마음을 지배한다면 얼마나 좋을까? 그러면 청춘 남녀들이 걱정하는 것처럼 사랑은 식을 리가 없다.

▪ 결혼하더니 변했다

그러나 불행히도 이것도 화학 물질이므로 우리 몸에 내성을 일으켜 개인마다 차이는 있지만 길면 3년에서 짧으면 3개월 밖에 효력을 발휘하지 못한다. 이 호르몬에 내성이 생기면 우리는 더 이상 설렘이나 흥분 등을 느끼지 않는다. 그래서 더 이상 배우자를 사랑하지 않는 것처럼 시큰둥하게 느껴질 수 있다.

이때 우리 눈에는 그동안 씌워졌던 콩깍지가 벗겨지고, 상대방이 나와 맞지 않는 점이나 단점까지도 보이는 것이다. 따라서 "속았다"느니 "결혼하더니 변했다"라는 말을 하게 된다. 만약 뇌에 이 호르몬이 넘쳐흐를 때 결혼을 결정했다면 갈등 상황은 더 심했을 것이다.

물론 콩깍지가 썬 상태에서 결혼했다고 모두가 다 불행한 것은 아니다. 행복하게 알콩달콩 사는 사람들에게는 행복한 화학 작용의 호르몬이 나올 수도 있기 때문이다.

그러나 단기간의 불꽃같이 타오르는 사랑의 감정에 속아서 결혼했다면 결혼생활이 순탄치 않을 확률도 커질 수 있다. 이는 생물학적인 호르몬의 노예가 되어, 평생 함께 할 사람을 객관적으로 판단할 수 없는 상태에서 결혼을 결정하기 때문이다. 격정적으로 사랑하는 마음이 지나고 감정의 노예가 아니라 이성적으로 돌아와서 상대방을 조금씩 객관적으로 보게 될 때, 그때쯤 결혼을 결정하는 것도 현명한 선택이라 할 수 있다.

사람들은 오히려 그때 사랑이 식었다는 생각에 이별을 생각하는 경우도 있지만, 이는 어리석은 판단일 수도 있다.

▪️ 결혼도 과학이다

결국, 연애나 배우자 선택 그리고 결혼도 모두 과학이다. 우리 몸에 새로운 자극이 오면 화학 물질인 콩깍지 호르몬이 나와, 그로 인해 불같은 사랑을 경험하고 점점 내성이 생겨 결국은 호르몬과 함께 사랑의 감정도 서서히 사라지게 되는 것이다.

그런데 우리 주변에 보면 이런 격정적인 사랑의 느낌 없이도 행복하게 사는 부부들이 참 많다. 오래 함께한 부부에게는 엔돌핀과 옥시토신이라는 이른바 '보상 호르몬'이 흐르기 때문이다.

호르몬은 원래 '자연 진통제'로서 사람들에게 안전감과 평화와 고요함을 가져다준다. 그래서 우리는 사랑하는 배우자가 사망했을 때 엄청난 공포와 불안을 경험하게 되는 것이다. 금슬이 좋은 배우자일수록 더 충격이 심한 이유도 바로 이 때문이다.

옥시토신은 오르가즘 호르몬으로서 오래된 부부가 포옹하며 사랑을 나눌 때 자연스럽게 방출되는 화학 물질이다. 많은 과학자들은 이것을 '포옹 화학 물질'이라 부른다. 이것은 연륜이 오래된 부부가 함께 손을 잡거나 허리를 끌어안고 공원을 산책하는 경우에 '모든 것이 다 좋다', '평온하다', '행복하다'는 기분을 느끼게 해주는 호르몬이다.

뜨겁게 사랑할 것도 별로 없고, 특별히 존경할 것도 별로 없는 부부라 할지라도 서로에 대해 지속적이고 헌신적인 마음을 가진다면 사랑에 대한 보상 호르몬은 계속 흘러넘칠 것이다.

외도,
사랑은 바람을 타고

우리나라의 이혼율은 OECD 국가 중에서 미국이 51%, 스웨덴 48%, 한국 47%로 3위를 차지한다. 이혼 사유를 보면, 우선 성격 차이, 둘째는 경제적 문제 그리고 셋째가 배우자의 외도이다.

사랑으로 맺어진 부부들의 슬플 때나 외로울 때나 괴로울 때 함께 하자고 다짐하던 혼인 서약은 온데간데없어진 새로운 결혼 문화를 보게 된다.

사랑은 바람과 함께 예측할 수 없는 방향으로 흔들리기 때문에 잠재우지 못할 때가 많으며, 외도는 부부의 정체성을 흔들기 때문에 관계의 회복이 그리 쉽지는 않다. 왜 사랑은 바람을 타고 흘러가는 것일까?

부부 간의 갈등이 심해지면 그 갈등에서 빠져나올 어떤 탈출구를 찾게 된다. 그 탈출하는 통로가 물론 건설적이라면 좋겠지만, 대부분은 그렇지 못하다.

극단적으로 살인이나 자살 같은 불행한 탈출구를 찾기도 하고, 음주나 폭력 등의 부정적인 방향으로 탈출하려는 사람도 있다. 외도도 이런 탈출구 중의 하나로서, 부부 치료에서는 외도를 어린 시절의 경험과 연결시켜 설명한다.

생후 발달 초기에 생긴 상처나 부정적인 감정이 뇌 속에 취약한 요소로서 잠재되어 있다가 배우자가 그 취약점을 건드리면 자신도 모르게 그로부터 탈출하고자 다른 이성에게 이끌리게 되는 것이다.

다시 말해, 인간의 발달 단계에서 채우지 못한 정서적 욕구의 결핍으로 인해 외도가 나타나는데 크게 4가지로 분류할 수 있다.

회피하는 자 vs 매달리는 자

첫 번째는, 애착 단계에서 결핍되었던 정서적 욕구를 채우기 위해 외도를 한다. 애착 단계란 생후 18개월까지의 기간을 말하는데, 이때는 부모의 따뜻한 사랑과 수용적인 태도로 일관성 있게 아이가 양육되어야 한다.

그러면 아이는 부모에 대한 신뢰를 형성해서 세상을 안정감 있게 바라본다. 그런데 이 시기에 부모가 아이를 차갑게 대하거나 거부하거나 또는 지나친 과잉보호를 하게 되면 아이는 회피하는 자의 심리와 매달리는 자

의 심리를 갖고 성장하게 된다.

회피하는 자의 심리 유형은, 과잉보호하는 부모 밑에서 자랐거나 차가운 부모 밑에서 자란 사람들에게 생기는 외도 심리이다. 이 사람들은 늘 자신의 정서적 욕구가 거부되어 온 것에 대한 상처를 형성하게 되고 또한 거부당하는 고통을 또 다시 느끼게 될까봐 아예 관계 맺기를 회피하는 자가 되기도 한다.

이렇게 회피하는 사람들은 배우자가 자신에게 사랑을 강요하거나 인간적인 애착을 요구하게 되면, 그로인한 갈등과 심리적 부담으로 회피를 위한 탈출구로서 외도를 선택할 수 있다. 또 이들은 일반적으로 생명이 없는 일이나 인터넷, 스포츠 등과 외도에 빠지는 경우도 많다. 이것을 가리켜 '정서적 불륜'이라고도 한다.

왜냐하면, 인간적인 관계없이도 애착형성이 가능하며 그러한 일들은 자신을 거부하지 않기 때문이다.

만일 사람과 외도를 하더라도 부담이 없는 매춘부와 상대할 가능성이 크다. 이들은 진정한 애착 관계를 희망하면서도 배우자에게 거부당할까하는 두려움 때문에 상대방과 깊은 관계가 되는 것을 피한다. 그로 인한 탈출구가 외도인 셈이다.

또 하나는 매달리는 자의 심리 유형이다. 이들은 부모가 그때그때 자기 기분에 따라 사랑을 주다가, 어떤 때는 무서울 만큼 냉담하게 대하는 일관성 없는 부모 밑에서 자란 경우와 충분한 사랑을 받지 못해 정서적 결핍이 심한 경우에 생기는 외도 심리이다.

이들은 배우자가 자신에게 충분한 사랑과 관심을 갖지 않으며, 항상 옆에서 따뜻하게 대해 주지 않는 것에 대한 결핍을 채우기 위해 매달리는 자의 심리로 외도를 할 수 있다.

접촉이 쉽고, 만날 때마다 친절한 사람은 만나다 보면 쉽게 외도하게 된다. 그러나 처음에는 채워지는 느낌이 들었어도 시간이 흐르면 결국은 자신의 부모 같은 사람을 또 만났다는 것을 깨닫고, 그 사람을 비난하며 다른 새로운 사람을 찾는 습관인 외도를 반복하게 된다.

░▪ 도망가는 자 vs 쫓아가는 자

두 번째는, 어린 시절 탐험의 단계에서 결핍된 욕구를 채우기 위해 외도를 하게 된다. 아이가 태어나서 생후 18~24개월 정도가 탐험의 단계이다.

아이가 부모와 애착이 형성이 되고 나면 주변의 것들에 대해 탐험을 시작한다. 눈에 보이는 것들이 다 궁금하고, 만져보고 싶고 또 새로운 것들을 만나는 것이 신기하기만 한다.

아장 걸음으로 엄마를 벗어나서 탐험의 세계에 빠져들기도 한다. 그러다가 문득 엄마가 생각나서 돌아봤는데 엄마가 보이지 않으면 갑자기 불안해진다. 이때 부모는 아이들의 안전에 큰 문제가 없다면 탐험을 허용해 주어야 하고, 항상 아이가 볼 수 있는 자리에 있어야 한다.

그러면 아이가 마음 놓고 호기심을 가지고 자신의 탐험의 욕구를 채울 수 있고 그것을 바탕으로 더 큰 세상으로 나아갈 수 있게 되는 것이다.

그런데 이 시기에 부모가 "너는 여기 있어야 해", "너는 엄마 옆에 꼭 붙어 있어야 해" 라며 과잉보호함으로써 아이가 탐험하고 싶어지는 욕구를 충분히 받아주지 못할 때, 아이는 숨 막히는 그 상황으로부터 도망가는 자의 심리가 형성된다.

반면에 신나는 탐험을 끝내고 돌아왔을 때 어머니가 없다거나, "아유, 더러워! 왜 이렇게 지저분하게 노니?" 등 탐험의 결과에 대해 핀잔이나 창피를 주는 반응을 할 때 아이는 어머니의 관심이나 칭찬을 갈구하는 '쫓아가는 자의 심리'를 만들어간다.

도망가는 자의 심리는 배우자가 일상생활에 지나치게 간섭하거나 일일이 알고 싶어 하며 자유를 주지 않을 때, 숨 막히게 조여 옴을 느끼기 시작하면서 자유를 향한 탈출구로 외도를 하게 된다.

일반적으로 도망가는 자는 독립적이고 안정적인 직업을 가지고 있어서 자신에게 아무것도 요구하지 않는 사람, 관계에 대한 책임과 서로의 미래에 대해 기대를 걸지 않을 그런 사람과 불륜에 빠지기 쉽다. 애착을 원하면서도 동시에 자유를 원하는 것이다.

그리고 쫓아가는 자의 외도 심리는, 늘 관심과 인정으로부터 취약했던 자신에게 배우자가 지나치게 무관심해졌거나, 자신의 존재나 능력을 인정해 주지 않고 무시한다는 생각이 들면서 생기는 반항하는 마음이다. 이때 자신에게 관심을 가져주는 대상이 생기면 자신도 모르게 빠져서 외도를 하게 되는데, 결국 사랑은 바람을 타고 끝없이 흘러가게 된다.

▪ 엄격한 자 vs 산만한 자

세 번째는, 자아 정체성 발달 단계에서 욕구가 채워지지 않을 때, 그 욕구를 채우기 위해 외도를 선택하는 것이다.

아이가 태어나서 2~4세 정도의 시기를 '자아 정체성의 시기'라 부른다. 이때는 자신이 누구인지에 눈을 뜨기 시작하므로 '제1의 자아 발견기'라고 부르며, 사춘기는 '제2의 자아 발견기'라고 한다. 아이는 자신의 정체성을 형성하기 위한 과정 중의 하나로 다른 사람을 흉내 내며 마치 그 사람처럼 행동을 하게 된다.

예를 들어, 아빠가 넥타이 하는 것을 보며 흉내를 낸다든가, 슈퍼맨처럼 날아다니는 시늉을 하는 것이다. 이때 아이의 행동을 보고 긍정적으로 반응해 주면 정체성은 잘 발달되지만, "그게 뭐냐!" 하는 식으로 반응하면 혼란스럽고 산만한 자아를 형성하게 된다.

긍정적으로 반응해 주는 부모를 만나 정상적으로 정체성이 잘 형성되면 행복한 결혼생활을 유지할 확률이 높지만, 그렇지 않은 경우는 결혼생활이 힘들어지기도 한다.

따라서 결혼 후 부부의 갈등이 심해지면 도망갈 탈출구를 찾게 되고,

그때 자신의 정체성 형성 시기에 채워지지 않았던 욕구를 채워 줄 적당한 대상이 나타나면 불륜에 쉽게 빠지는 것이다. 자아 정체성 단계에서 채워지지 않는 욕구로 '엄격한 자'와 '산만한 자'라는 성격의 심리가 형성된다.

'엄격한 자'는 수치스러운 자신이 되지 않기 위해 완벽하고 철저해야 하기 때문에 나름의 엄격한 원칙을 가지고 산다. 그래서 자신이 배우자를 통제하지 못하거나 배우자가 자신을 보잘 것 없는 존재로 취급한다고 생각되면, 배우자와의 관계가 틀어지기 시작한다. 그리고 자신을 가치 있는 존재, 수치스럽지 않은 존재, 자신이 무언가를 가르칠 수 있는 그런 대상에게로 눈을 돌리는 것이다.

처음 외도에 빠졌을 때는 모든 것이 행복하게 느껴지겠지만, 항상 자신이 옳다고 생각하고 자신의 잣대로만 판단하려는 경향이 있기 때문에 상대방에게는 부담이 된다. 결국 행복은 잠깐이며 똑같은 상처를 반복하게 된다.

반면, '산만한 자'는 부모로부터 무시당하거나 왜곡된 반응을 경험함으로써 자신은 '보이지 않는 사람'이라는 생각이 무의식 속에 자리 잡는다. 그래서 배우자가 자신의 존재를 알아주지 않거나 자신에게 관심을 가져주지 않을 때 힘들어한다. 이렇게 마음이 허전하고 갈등할 때 주변에서 누군가 자신을 인정하고 '보이는 사람'으로 자신의 감정이나 행동에 대해 충분한 반응을 보여준다면, 그 사람에게로 마음이 가서 외도하게 된다.

▪ 경쟁하는 자 vs 수동적인 타협자

마지막으로 네 번째는, 힘과 능력의 단계에 욕구가 채워지지 않았을 때, 그 욕구를 채우기 위해 외도하는 경우이다. 아이가 태어나서 4~6세 정도 의 시기를 '힘과 능력의 시기'라 부른다.

이 시기에는 집 주변의 많은 것들에 매우 강한 흥미를 나타내고 보다 경쟁적인 성향을 보인다. 아이들은 자신이 얼마나 힘이 세며, 얼마나 능력 이 있는가에 대해 관심을 쏟는다.

이때 부모가 자녀의 능력을 잘 길러낼 수 있도록 반응해 주고 그 능력 을 인정해 준다면 자존감이 향상되고 자기 효능감이 있는 아이로 잘 자라 게 된다. 그러나 부모가 완벽주의자일 경우, 자녀에게 지나치게 뛰어날 것 을 요구하기 때문에 아이는 실패나 부끄러움을 경험하게 된다. 그런 고통 을 겪지 않으려고 아이는 더 노력하고, 더 경쟁하게 되면서 '경쟁하는 자' 로 살게 된다.

매사에 적극적이며 출세 지향적으로 사는 '경쟁하는 자'는 자신의 결혼 생활이 안전하지 않다는 느낌이 들거나 실패했다는 느낌이 들면 그것을 보상받고자 불륜에 빠지기 쉽다.

반면, 자녀의 성취에 별로 관심이 없어서 탁월함이나 노력 등을 요구 하지도 않으며, 자녀의 활동에도 그다지 개입하지 않고 방치하는 부모 밑에 자란 자녀는 대부분 무기력하고 '수동적인 타협자'의 성향을 가지 게 된다. '수동적인 타협자'는 "나는 아무것도 할 수 없어. 누군가 나를 위해서 이것 좀 해주면 좋겠어." 라며 무기력하게 시키는 일만 하는 사람으로 성장한다.

이들은 결혼생활에서의 무기력함과 무능함에 대한 반응으로서 불륜에 빠지게 되는데, 자신을 도와주는 사람이나 자신에게 자신감을 불러 일으켜주고 잘 지도해 주는 사람에게 자신도 모르게 마음을 주는 것이다.

어머니의 완벽주의는 어머니의 낮은 자존감을 표현하는 것이라고도 말할 수 있다. 자녀에게도 낮은 자존감을 대물림하게 되는데, 실제로 경쟁하는 자는 뭔가 하나를 해내고 나면 으스대면서 "내가 최고야. 봤지?"라는 느낌으로 우쭐대는 모습을 보이기도 한다. 그것은 낮은 자존감의 또 다른 모습인 이기적인 자기애이다.

이렇게 어린 시절 자신의 능력과 힘에 대해 부정적인 경험을 하게 되면 결혼해서 아내나 남편이 자극이 되는 행동을 하게 될 때, 배우자는 새로운 탈출구를 찾아 눈을 돌리게 된다.

경쟁하는 자의 배우자는 상대방에게 경쟁적인 느낌을 주어서는 안 된다. 무엇인가를 제대로 해내지 못해도 비난받지 않으며 안전하다는 것을 지속적으로 인식하게 해야 한다.

수동적인 타협자의 배우자는 그에게 관심을 가져주며, 칭찬을 통하여 자신감을 갖도록 일관성 있게 칭찬을 해주고, 항상 도와주려는 마음을 보여주어야 한다. 부부가 서로 어릴 적 상처와 결핍에 대해 이해하고 회복시키는 일에 서로 치유자가 되는 것이 중요하다.

04

숙면은 건강의 바로미터

적절한 수면,
정신건강의 지름길이다

       적절한 수면은 개인차가 있어서 사람마다 다를 수 있다. 하루 9시간 자는 사람과 6시간도 못되는 잠을 자는 사람을 비교 연구한 사례가 있다. 이들을 40시간 계속 잠을 자지 못하게 한 후 똑같은 조건에서 호르몬 분비량, 체온, 졸음 정도 등을 측정한 결과, 오래 자는 사람은 짧게 자는 사람보다 생물학적 밤이 긴 것으로 밝혀졌다. 이는 사람마다 생체시계가 다르다는 것을 보여준다.

  역사적으로도 아인슈타인은 하루 10시간 이상씩 자고도 세계적인 물리학자로 우뚝 섰으며, 에디슨은 불과 3시간 자면서 생활했지만 발명으로 후세에 이름을 떨쳤다. 그리고 나폴레옹도 3시간 이상 잠을 자지 않고도 유명한 장군으로 기록되고 있다.

수면의 양과 질이 알맞게 개인에게 채워질 때 적절한 수면이라고 말할 수 있다.

그러나 일반적으로 유치원에서 초등학교 때까지는 약 9시간 이상, 청소년은 8시간 이상, 성인은 7시간 30분을 적절한 수면 시간으로 여기고 있다. 각각 적절한 수면 시간을 확인할 수 있는 방법이 한 가지 있는데, 다음 날 아무 일도 하지 않고, 앉아있어도 졸리지 않을 정도의 수면을 취했다면 그것은 적절한 수면이 된다. 이러한 수면이 유지되면 정신이 건강한 생활을 하게 된다.

▪▪ 적절한 수면은 정신을 건강하게 한다

우선 적절한 양의 수면을 유지하는 일이 중요하다. 일반 성인을 기준으로 수면 시간을 1시간 초과해서 잠을 자야 상쾌하고 편안하다면 그 사람은 그 시간이 적절한 잠의 양이 된다. 그러나 1시간 덜 자도 피곤하지 않고 졸리지 않는다면 그 사람에겐 그 시간이 적절한 잠의 양이다. 그런데 주의할 것은 잠을 적게 자서는 안 된다는 점이다.

만일 잠이 부족하면 반드시 대가를 치르게 된다는 사실을 알아야 한다. 일부 책에서는 하루에 4시간만 깊은 잠을 자면 별 탈이 없다고 하지만 이것은 잘못된 해석이다.

깊은 잠이란 보통 논램 수면의 3단계와 4단계를 말하는 것으로, 깊은 잠이 많다고 해서 꼭 좋은 것은 아니라는 사실이다. 그 이유는 간단하다. 예를 들면 수험생이나 노동자들은 대개 잠이 부족하다. 이들이 잠을 잘 때 뇌파의 기록을 보면 모두 깊은 수면이 많아짐을 볼 수 있다. 이러한 현상은 잠이 만성적으로 부족할 때 생명을 유지하기 위하여 가장 먼저 보충하는 것이 논램 수면의 3, 4단계 수면이기 때문이다. 즉, 깊은 잠이 증가하는 현상을 보이는 것은 만성적인 수면 부족의 증거라는 사실을 수면다원검사를 통해 알 수 있다. 또한 만성적인 수면 부족에 있는 사람은 수면을 취할 때 깊은 잠의 양이 많아져도 낮에 피곤하고 졸리며 집중하지 못하는 증상을 여전히 가지고 있음을 알 수 있다.

다음은 적절한 질의 수면이 유지하는 것이 중요하다. 사람마다 삶의 질이 다르듯이 수면의 질도 다르다. 수면의 질을 가장 나쁘게 만드는 것이 수면장애이다. 가장 흔한 수면장애인 불면증은 잠 효율성을 떨어뜨리고, 수면 무호흡증은 근육의 긴장을 증가시켜 수면의 질을 매우 떨어뜨린다.

수면의 질을 평가할 때 4가지로 분석하는 기준이 마련되어 있다. 첫째 기준은 수면의 구조를 분석하는 것으로, 밤에 잘 때 논램 수면의 1-2-3-4 단계와 램 수면이 적절하게 분포되어 있는지를 보는 것이다. 수면의 질이 나쁜 사람은 대개 논램 수면의 3, 4단계와 램 수면이 감소하고, 논램 수면의 1단계가 늘어난다.

둘째 기준은 수면 중에 각성 빈도를 보는 것으로, 각성 빈도가 많아지면 수면의 질이 떨어지고 수면 중 교감신경이 항진된다. 교감신경이 항진되면 고혈압이나 심장질환, 동맥경화 등을 초래한다.

셋째 기준은 잠의 효율성을 보는데, 잠의 효율이 90% 이하이면 잠의 질에 문제가 생긴다.

넷째 기준은 수면 중의 근육 긴장을 보는 것으로, 나쁜 잠에서는 근육이 긴장되어 피로가 쌓이게 된다. 적절한 수면은 자신에게 맞는 수면 시간과 질 좋은 수면을 유지하는 것이 최상으로, 우리의 신체뿐만 아니라 정신건강의 지름길이 된다. 또한 마음이 안정되면 효율적이고 조화로운 생활을 할 수 있다.

타고난 생체시계,
사람마다 다르다

        사람마다 수면 시간이 다르다. 어떤 사람은 일찍 자고 일찍 일어나며, 어떤 사람은 늦게 자고 늦게 일어나도 편안한 사람이 있다. 이는 타고난 생체시계가 사람마다 다르기 때문에 나타나는 현상이다. 생체시계가 빠르거나 느린 것은 타고 난 시계 유전자의 차이에 의해 결정된다.

    이러한 차이에 따라 생활에 절대적 영향을 미치는데, 몸과 마음의 컨디션이 좋을 때가 다르고, 생산적인 시간이 다르며, 병에 따른 약물 투여 시간도 달라진다. 다음은 생체 리듬에 따라 세 종류의 사람으로 분류할 수 있다.

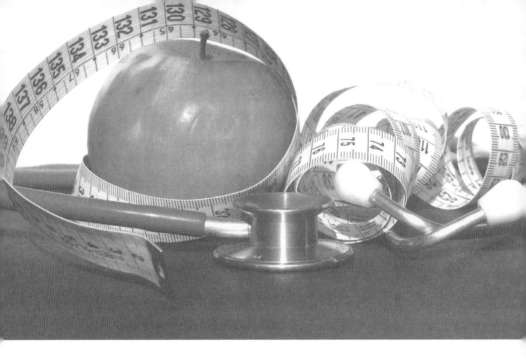

생체 리듬에 따른 세 종류의 사람

첫째는 종달새형 인간으로, 소위 아침형 인간이라 부른다. 이 유형의 수면 리듬은 일찍 자고 일찍 일어나며 기상 습관을 보면 알람시계가 없어도 잘 일어나는 게 특징이다. 오후 9~10시에 잠자리에 들고 오전 5~6시에 깨는 것을 가장 편하게 느낀다. 또한 활동 패턴도 아침 운동을 좋아하고 아침 식사를 많이 먹는 것이 특징이다.

둘째는 올빼미형 인간으로, 소위 저녁형 인간이라 부르기도 한다. 이들의 수면 습관은 늦게 자고 늦게 일어나며 기상하는 것을 보면 알람시계가 여러 개나 필요하다. 그만큼 아침에 일어나기 힘들다는 이야기다. 그리고 활동 패턴도 저녁 운동이 편하고 저녁에 많이 먹는 습관을 지닌 것이 특징이다.

셋째는 벌새형 인간으로, 소위 표준형 수면인이다. 대부분의 사람이 여기에 속하며 수면과 각성 주기가 오후 10시 30분~11시 30분에서 오전 6시 30분~7시 30분에 해당한다. 과학적 통계에 의하면 전형적인 종달새형 인간과 올빼미형 인간은 각각 10%이며, 나머지 80%는 어디에도 속하지 않는 중간형, 즉 벌새형 인간으로 분류하고 있다. 벌새형은 밤 12시 이전에 잠이 들고 오전 7시 즈음에 일어나는 생활 리듬이 적합한 유전자를 가진 인간을 가리킨다. 이들은 기본적으로 중간형의 생체 리듬을 가지고 있기 때문에 어떠한 생활 패턴에도 잘 적응하는 사람이다.

어느 유형의 생체 리듬을 가졌든 타고난 리듬에 맞춰 살아가는 것이 건강을 유지하는 기본 원칙이다. 우리는 환경의 영향을 쉽게 받기 때문에 생체시계가 흐트러지기 쉽다는 것을 깨달아야 한다. 몸의 시간표를 고려하지 않은 채 무조건 아침형 인간이 되려고 노력할 필요는 없다.

■ 생체시계의 조절은 햇빛이다

생체 주기는 유전적으로 정해져 있기 때문에 근본적으로 리듬을 바꾸는 것은 불가능하다. 그러나 우리의 생체시계는 다양한 환경 변화에 유연한 장점이 있다. 누구든지 대처할 수 있는 적응력을 가지고 있기 때문에 일시적으로 생체시계를 조절해 환경에 맞추는 것도 가능하다.

생체시계를 조절하기 위해서 가장 중요한 것이 햇빛이다. 빛은 받는 시간대를 잘 맞추면 최대 2시간까지 생체시계를 앞뒤로 조절할 수 있다. 더

구나 빛을 통한 생체시계의 조절은 밤에 분비되는 잠자는 호르몬인 멜라토닌을 분비하도록 돕기 때문에 더욱 중요하다. 또한 시간에 맞춰 운동을 하거나 세끼 식사를 일정하게 하는 습관을 들여야 한다. 잠자는 시간, 일어나는 시간, 운동하는 시간 등 규칙적으로 몸을 움직여야 한다. 한편, 일어나자마자 물을 마시거나 시각을 자극해도 좋다. 진한 색깔의 주스를 마시는 것도 활력 있는 아침을 만드는 데 도움이 된다.

밤낮 없는 생활,
수면건강을 해친다

우리나라는 수면장애 공화국이라 불린다. 2009년 5월 OECD 국가 중에서 가장 적게 자는 나라로 기록되었으며, 전체 국민의 30%가 수면장애가 있는 것으로 추산되고 있다.

우리는 매일 밤 주기적으로 잠을 자고 아침이 되면 일어난다. 우리 신체는 평정한 상태를 유지하려고 노력하는데, 이런 모든 현상을 가리켜 '항상성의 원리'라고 부른다. 수면도 이 원리에 따라 우리 몸을 24시간 주기로 잠과 각성 상태를 유지하며 반복하는 것이다

수면을 이루는 첫 번째 원리는 각성 체계를 억제하여 잠을 이루는 것으

로, 여기에 수면과 관련된 유도 물질인 아데노신(adenosine)과 프로스타글란딘(prostaglandin)이 작용한다. 아침에 일어나서 계속 활동을 하면 뇌간에 점차 아데노신이 쌓이게 된다. 각성을 담당하는 기저전뇌 세포들은 아데노신 수용기를 갖고 있어 각성을 억제하게 된다. 밤이 깊어지는 시간이 되면 아데노신의 양이 최대치에 달해서 숙면에 드는 것이다. 그런데 카페인이나 탄산음료를 먹으면 바로 이 아데노신의 작용을 방해하여 각성 상태로 깨어 있게 함으로써 잠을 못 이루게 된다.

또한 수면은 뇌척수액에 들어있는 수면 촉진 물질인 프로스타글란딘의 영향을 받는다. 10여 종이나 되는 수면 물질 중에서 가장 강렬한 작용을 하는 이 물질은, 뇌척수액을 매개로 하여 뇌 전체에 전달되어 신경 회로의 네트워크 활동을 변화시킨다. 이 물질도 낮 동안에 축적되다가 각성을 증가시키는 시상하부 세포들을 억제하여 신경세포(뉴런)를 자극해서 수면을 유도한다.

두 번째 원리는 멜라토닌 호르몬에 의해 작용하는 것으로 멜라토닌은 밤이 되면 분비된다. 아침에 일어나 햇볕을 쬐면 빛의 정보가 눈 속으로 들어가 시신경을 통해 시교차 상핵에 하루 동안 신호를 보낸다. 그러면 송과체라는 조직에서 잠을 오게 하는 시계 호르몬인 멜라토닌이 분비되고 한두 시간 후에 잠이 오는 것이다. 이 호르몬 작용으로 우리는 밤이 되면 잠이 든다.

▓▪ 아침 햇볕을 쬐는 습관의 생활화

수면의 총체적 원리는 생체시계에 의해 조절된다. 생체시계는 뇌의 시상하부에 있는 시교차 상핵이라는 곳에 있는데, 이는 우리의 생체 리듬을 총 지휘하는 곳이다. 약 2만 개의 세포로 이루어져 있으며 우리 몸의 24시간 리듬을 조정하는 핵심 조율자이다.

지구(생활)의 하루는 24시간인데 반하여 우리 몸 안의 생체시계는 원래 25시간이다. 생체시계의 지시에 따라 우리 몸에서는 밤이 되면 멜라토닌이 증산되고 이에 따라 잠이라는 휴식이 찾아온다. 우리 몸의 생체시계는 햇빛을 받으며 일상생활을 함에 따라 재설정되어 24시간 주기로 살아가는 것이다. 결국 우리의 신체는 두 개의 시계에 의해 지배를 받으며 살아가는 셈이다.

그런데, 일상생활과 생체 리듬이 맞지 않으면 일주기 리듬 장애라는 병이 생긴다. 또 생체시계는 혼란을 겪게 되면 멜라토닌의 호르몬 이상이 생겨 면역력이 떨어지고 아울러 암 발생률이 높아진다. 그리고 불면증, 우울증, 유방염, 심장혈관계 질병 등의 발병률도 매우 높아진다.

밤·낮의 구별 없는 생활은 생체시계 리듬의 불균형을 초래함으로써 결국 수면 정신건강을 해칠 뿐만 아니라 여러 신체적 질병까지 초래한다.

우리나라의 잠 못 이루는 수면장애 환자는 작년 통계상 22만 8,000명이었지만 그보다 훨씬 더 많은 것으로 본다. 수면장애 환자는 연간 23%씩 증가하고 있기 때문에 수면 정신건강에 각별한 주의가 요구되는 상황에

놓여 있다.

우선 우리는 아침에 햇볕을 쬐는 습관을 생활화해야 한다. 낮 동안 햇볕을 쬐면 밤에 우리 신체는 멜라토닌을 분비하여 잠들게 하기 때문에, 생체시계를 조절하는 데 중요한 역할을 한다. 따라서 햇볕을 쬐는 것은 수면건강을 유지하는 데 지름길이 된다.

수면 빚,
꼭 갚아야 할 부채

수면의학에서는 '수면 빚'(Sleep Debt)이라는 용어가 있다. '수면 빚'이란 말 그대로 잠에 대해 빚을 지고 있다는 뜻이다. 사람이 며칠 동안 잠을 자지 않으면 신체에 축적된 수면 유도 물질인 아데노신이 며칠 동안 지속되는 졸음을 일으키는 데 이런 현상을 '수면 빚'이라 한다.

수면 빚은 마치 돈을 빚지는 것과 똑같아서, 언젠가는 갚아야 하는 빚으로 남아 있다. 가령 지난밤에 두 시간 잠을 설쳤다면 그 다음날 두 시간을 더 자야 수면 빚에서 벗어나게 된다. 수면 빚은 다 갚기 전까지 일의 능률도 떨어지고 갑작스런 사고를 일으킬 확률도 늘어난다.

수면 빚은 결국 잠으로 보충해야 하며, 다른 방법은 없다. 하루에 두 시간씩 5일 동안 잠을 덜 잔 사람은 20시간의 수면 빚을 지고 있는 셈이다. 이 사람이 토요일에 평소보다 5시간 더 잤다고 해도 나머지 수면 빚은 그대로 남아 있는 것이다.

수면 빚이란 용어는 미국 수면 의사인 스텐포드 대학의 윌리엄 더먼트 박사가 고안한 용어이다. 그는 잠과 꿈에 대해서는 전 세계적으로 독보적인 존재이다. 그는 뇌가 잠을 얼마나 자고 있는지에 대한 실험을 하였다. 지원자(거의 대학생)들을 모집하여 하룻밤에 5시간만 잠을 자게 했다. 실험이 계속되어 날짜가 길어질수록 학생들은 그 이튿날 교실에서 조는 정도가 점점 심해지기 시작했다. 이를 통해 수면 빚이 쌓여간다는 사실을 확인했다. 또한 수면 빚은 잠을 자지 않으면 절대로 없어지지 않는다는 사실도 밝혀졌다. 따라서 수면 빚은 잠을 보충하는 것으로 갚아야 한다.

▪ 잠은 삶의 가장 풍요로운 안식처

수면 빚을 많이 진 사람은 낮잠을 자고 나면 기분이 산뜻해진다. 수면 빚은 지속적으로 쌓이는 성질이 있다. 그래서 자기도 모르는 사이에 많은 수면 빚을 질 때가 있다. 이런 경우에는 모든 수면 빚을 다 갚기 전까지 여전히 잠에 취해 있게 된다. 밤새 잠을 자고 아침에 늦잠까지 잤는데도 아직까지 졸리다는 사람들은, 잠에 취한 것이 아니라 수면 빚이 많은 것이다.

현대 사회는 밤늦게까지 할 일이 많다. 주로 심야 TV 시청이나 인터넷을 하기도 하며 새벽까지 밀린 드라마를 시청하기도 한다. 또한 학생들은 공부 때문에 잠을 희생하는 경우가 있으며, 생존 경쟁에서 이기기 위해 아침 일찍 일어나야 하는 사람들도 있다. 결과적으로 현대인들은 수면 빚이 계속 쌓일 수밖에 없는 환경에서 살고 있다.

수면 빚이 많은 사람들은 낮에도 자주 존다. 운전을 하다가 졸고, 책을 보다가도 졸고, 수업시간에도 존다. 수면 빚을 지면 아무리 강한 체력의 사람이라도 사고를 일으킬 확률이 높아지며, 작업 능률도 떨어진다. 평소에 화를 잘 내고 신경질적이며, 거의 모든 일에 흥미가 떨어진다. 학생들은 학업 능률이나 창작 능률도 떨어진다.

수면 빚이 하나도 없을 정도로 잠을 푹 자고 나면 다시 잠이 오지 않는다. 아침에 푹 자고 일어나서 다시 자려고 아무리 애써도 좀처럼 잠이 안 오는 것은 이미 수면 빚을 다 갚은 상태이기 때문이다. 새벽 기도회가 끝나고 돌아와서 다시 잠을 자는 사람들은 수면 빚이 남아있는 것이다.

현대인들은 수면 빚을 안고 살아간다. 수면 빚은 약이나 다른 치료법이 없으며, 오직 잠으로 치료해야 한다. 만성적인 수면 부족은 건강을 해치고 우리의 일상생활을 방해하지만, 적절한 수면은 충분한 휴식과 함께 몸과 뇌를 젊고 활발하게 만들어 준다. 잠은 삶의 가장 풍요로운 안식이며 지친 현대인들에게는 필수불가결한 건강 비법이다.

얕고 깊은 수면,
적절한 유지가 필요하다

수면의 종류에는 얕은 수면인 렘 수면과 깊은 수면을 의미하는 논렘 수면의 두 가지가 있다. 이 두 수면은 약 90분을 주기로 교대로 움직인다.

렘 수면이란, 잠이 깨어있을 때와 비슷한 뇌파를 보이며 안구가 빨리 움직이는 상태를 말한다. 몸은 활동을 멈추었지만 뇌는 아직 깨어 있기 때문에 이런 상태가 나타난다. 이는 곧 얕은 잠을 자고 있는 상태이다.

건강한 사람은 전체 수면의 20%를 렘 수면이 차지한다. 뇌가 이처럼 깨어 있는 상태는 잠자기 전까지 뇌에 축적된 정보를 처리하고 기억을 고정하는 작업을 하고 있기 때문이다.

렘 수면 시에는 보통 꿈을 꾸기 때문에 꿈 수면이라고도 한다. 렘 수면과 꿈은 뇌간에 있는 뇌교와 주위 구조물에 의해 시작되는데, 뇌교는 시상과 대뇌피질로 신호를 보고, 척수에도 신호를 보내서 렘 수면 중에 운동신경이 마비되도록 만든다. 렘 수면은 스트레스 해소, 정신적 피로 회복, 기억력이나 감정 조절 등의 기능을 한다.

잠을 자는 동안 이런 활동이 대뇌에서 이루어지는 이유는, 외부에서 정보가 들어오지 않으므로 정보를 처리하기에 가장 좋은 상태이기 때문이다. 렘 수면 중에는 안구가 빠르게 움직이며 심박수와 호흡이 불규칙하고, 자율신경의 조절 기능이 제 역할을 하지 못하기 때문에, 비로소 자율신경과 몸은 휴식을 취하게 된다.

논렘 수면은 잠이 들고 10~20분 이내에 나타나 대부분의 수면 시간을 차지하는데, 특히 잠을 잘 때 1~2시간 푹 자게 만든다. 건강한 사람은 전체 수면의 80%를 차지한다. 대뇌의 휴식뿐만 아니라 각종 호르몬의 분비, 혈액 순환, 호흡과 체온 등을 조절하는 역할을 하며 면역 기능도 향상시킨다.

▪ 감기에는 잠이 최고!

논렘 수면 때 뇌하수체에서 분비되는 호르몬을 통틀어서 하수체 호르몬이라 부른다. 하수체 호르몬에는 성장 호르몬, 프로락틴(유즙 호르몬), 갑상선 호르몬(갑상선 호르몬의 분비를 조정한다), 황체 호르몬이 있다. 부신피질 호르몬에는 테닌, 알도스테론, 코르티솔 등이 있고, 송과체에는 멜라토닌 등이 있다. 이처럼 호르몬은 저마다 다른 기능을 하며, 뇌와 몸에 휴식을 가져다준다.

성장 호르몬 분비는 성장기의 아이들에게 중요한 역할을 하는 것으로, 세포의 복구와 유지, 영양 공급 등에 관여한다. 한마디로 세포를 젊게 유지해주는 역할이다. 그래서 예부터 아이들은 '잘 때 큰다.'는 말이 있다.

프로락틴 호르몬은 유선 자극 호르몬으로, 여성의 유선을 자극해 가슴을 크게 만들고 모유가 나오게 한다. 또 프로락틴은 피부를 촉촉하게 하는 효과가 뛰어나서 화장품에도 배합된다. 잠이 부족하거나 불규칙한 생활을 계속하면 피부가 푸석푸석해지는데, 이는 성장 호르몬뿐만 아니라 프로락틴의 부족하기 때문이기도 하다.

황체 형성 호르몬은 사춘기 청소년이 잠을 잘 때 많이 분비되는 것으로 성 호르몬의 분비를 촉진한다. 따라서 사춘기에는 안정적인 수면이 반드시 필요하다.

갑상선 자극 호르몬은 갑상선에서 분비되는 호르몬으로 신체의 기초대사를 조절하며 몸의 발육을 촉진시킨다. 갑상선 호르몬의 균형이 깨지면 성욕 부진, 체중 감소, 신경과민 등과 같은 증상이 나타난다.

새벽녘에 분비되는 코르티솔 호르몬은 부신피질 자극 호르몬의 자극을 받아 코르티솔을 분비하는데, 이는 잠을 깨기 위한 준비와 전신의 활성화에 도움을 준다. 코르티솔은 혈압과 혈당을 상승시키고, 심장에서 수축력과 심박 총량이 상승해 임전상태를 만든다. 새벽녘의 코르티솔 분비는 기분 좋은 아침을 맞이하기 위한 준비인 셈이다.

그런데 수면 호르몬인 멜라토닌의 분비량이 줄면 충분한 수면을 취할 수 없을 뿐만 아니라 다른 호르몬도 제대로 분비되지 않는다. 노인들의 취침 시간과 기상 시간이 빠른 것은 나이가 들수록 시교차 상핵의 노화와 멜라토닌의 분비량이 감소하기 때문이다.

또한 숙면을 취하지 못하면, 성장 호르몬을 비롯한 각종 호르몬이 충분히 분비되지 않아 결과적으로 피부와 각종 세포 조직의 노화를 가져온다. 하지만 숙면을 취하면 면역 물질이 생성되어 감기 예방에도 효과적이다.

우리 뇌는 깨어 있는 상태를 유지하는 각성 중추와 뇌를 쉬게 하는 수면 중추가 형성되는데, 이 둘이 균형을 이루면 렘 수면과 논렘 수면이 적절하게 유지되면서 숙면을 취할 수 있다. 하지만 우울증에 걸리면, 각성 중추의 기능이 더욱 활발해져서 쉽게 잠을 이루지 못하고 수면장애를 호소하는 경우도 있는데, 보편적으로는 수면에 들어선 초반에는 논렘 수면이 많이 나타나고 아침에 되면 렘 수면이 주로 나타나는 형태의 수면을 취한다.

성장과 면역을 결정하는 멜라토닌

핀란드에서 36~50세의 1,600명을 대상으로 잠과 건강에 대한 연구조사를 하였다. 잠을 잘 자지 못한 사람들은 잠을 잘 자는 사람에 비해 남성은 평균의 6.5배, 여자는 3.5배에 걸쳐 건강상의 문제가 나타났다. 잠을 제대로 자야 면역이 올라가고 건강해지는 것은 당연한 이치이다.

미국 국립보건원에서 실험실 쥐를 40일 동안 잠을 재우지 않았더니, 온 몸에 세균이 퍼져있었고 마치 말기 암에 걸린 것처럼 되었다는 보고가 있다. 또한 5일 동안 잠을 재우지 않은 쥐에서는 복강 내 임파선에 대장균이 보이기 시작했는데, 건강한 쥐에게서는 볼 수 없는 현상이었다. 따라서 수면 부족은 면역성에 크게 영향을 미친다.

우리의 수면의 질을 결정하는 것은 멜라토닌 호르몬으로, 이것은 밤에 분비되는 내인성 호르몬이다. 멜라토닌은 뛰어난 항산화물질로, 대표적인 항산화물질인 비타민 C보다 훨씬 강력한 항산화 효과를 발휘한다. 항산화 물질은 체내에 생긴 녹(노화나 암의 원인이 되는 활성산소)을 제거하므로, 노화방지(안티에이징)에 반드시 필요한 물질이다. 질 좋은 수면은 이처럼 단순히 육체적 피로만 푸는 것이 아니라, 신체 회복의 효율성을 높이고 젊음을 유지하는 데도 도움을 준다.

깊은 잠,
뇌를 쉬게 하라

뇌의 깊은 잠으로 알려진 논렘 수면은 우리를 깊은 의식의 세계로 이끌어 마법과 같은 힘으로 심신의 피로를 회복시켜준다. 논렘 수면기에는 호흡이 안정되고 혈압도 서서히 낮아진다. 그리고 뇌파를 측정해보면 완만한 파형을 나타내어 휴식을 취하고 있음을 알 수 있다. 이 수면기에는 꿈을 꾸지 않는다는 것은 앞에서 말한 바와 같다.

그런데 뇌에는 휴식이 필요하다. 우리의 뇌는 '피로'를 자각하지 못한다. 가령 오랜만에 과격한 운동을 하면 온몸이 욱신욱신할 정도의 근육통이 생기고, 또 위장의 상태가 나쁘면 위통이나 복통이 올 수 있는데, '뇌가

아프다'는 경험을 한 사람은 없다. 뇌에는 고통을 느끼는 자각신경이 없다. 따라서 아무리 피곤해도 이를 느낄 수 없다.

그럼 뇌가 실제로 얼마나 피로한지 다른 측면에서 생각해보자.

뇌의 무게는 체중의 약 2퍼센트 가량 된다. 가령 체중이 70킬로그램인 남성이라면 뇌는 1.4킬로그램이다. 하지만 에너지 소비량은 신체 전체의 약 20퍼센트를 차지한다. 이는 온몸의 근육이 사용하는 에너지 소비량과 거의 같은 수치다. 참고로 근육은 체중의 약 50퍼센트를 차지하는데, 70킬로그램인 남성의 35킬로그램이 근육인 것이다.

즉, 1.4킬로그램의 뇌와 35킬로그램(뇌의 25배)의 근육이 똑같은 에너지를 필요로 하는 것으로, 단순하게 계산하면 근육의 25배나 활동하고 25배나

지쳐 있는 것이 우리의 뇌라고 할 수 있다. 실제로 하루 종일 머리 쓰는 일을 하는 것만으로도 우리는 상당한 에너지를 소비한다. 결과적으로 논렘 수면이 얼마나 중요한지 이해가 갈 것이다.

뇌도 휴식이 필요하다

그렇다면 어떻게 해야 효과적인 논렘 수면을 취할 수 있을까? 논렘 수면은 '깊은 논렘 수면'과 '얕은 논렘 수면'의 두 가지로 분류하는데, '깊은 잠'에도 차이가 있다는 것이다. 가령 6시간 잠을 잤을 경우, 90분 주기의 잠이 4세트 반복되는 셈이다.

이때 가장 깊은 논렘 수면 시간은 첫 번째 세트의 90분이다. 두 번째, 세 번째 횟수를 거듭할수록 잠은 얕아져 네 번째 세트의 논렘 수면은 얕은 잠이 된다. 따라서 잘 때는 최초 3시간(잠의 첫 번째 세트와 두 번째 세트)이 매우 중요하다.

연쇄 반응처럼 잠이 들기 시작한 최초 3시간 동안에는 체내에서 여러 가지 변화가 일어나는데, 그 대표적인 예가 이 시간대에 대량으로 분비되는 '성장 호르몬'이다. 말 그대로 성장에 없어서는 안 되는 호르몬으로, 성장기 어린이의 뇌와 신체의 발달에 중요한 역할을 한다. 또 성인의 체내에서도 분비되어 DNA 합성과 연골 합성, 세포 복구 등 신체 각각에 깊이 관여하는 호르몬이다.

밤새고 난 다음날 화장이 들뜨는 이유는, 성장 호르몬이 제대로 분비되지 않아 피부의 신진대사가 원활하지 못하기 때문이다. 이 상태가 계속되면 얼굴이 붓고, 모세혈관의 울혈로 눈 밑에 다크서클이 생기기도 한다. 또한 불규칙한 수면을 취할 경우, 성장 호르몬의 분비가 부족해서 신체 유지와 보수가 이루어지지 않아 피로가 풀리지 않는다. 질 높은 수면은 신체의 피로를 풀어줄 뿐 아니라 아름다운 피부도 만들어준다.

심야학습,
기억과 정서를 해친다

최근 서울시의회에서 학원의 심야학습(24시간)을 허용하는 내용의 조례를 개정하려다가 사회적으로 큰 논란을 빚자 그 개정안이 폐기되었다. 현행대로 오전 5시부터 오후 10시까지만 허용하게 되는데, 이는 학생들의 건강권과 휴식권 보장에 대한 필요성 때문이다.

흔히 우리는 밤을 새워가면서 공부를 하는데, 인간의 생체 리듬은 낮에는 일하고 밤에는 잠을 자도록 되어 있다는 점을 인식해야 한다.

▪ 밤 깊도록 공부하는 것은 스트레스의 원인

충분한 수면은 기분을 상쾌하게 만들어주지만, 수면이 부족하면 심적으로 불안해하고 초조해지거나 화가 잘 나며, 사소하는 일에도 지나치게 반응한다. 이것은 수면이 정서적 건강에 크게 영향을 주고 있다는 의미이다. 그러므로 누구나 밤에는 충분한 수면이 필요하다.

공부를 잘하기 위해서는 충분한 수면을 유지하는 것이 바람직하다. 그러면 우리 뇌는 그날 배우고 익힌 것을 기억하도록 하고 주의력 있게 집중한다. 또한 정서적 건강에도 많은 영향을 준다.

청소년의 수면은 성장 호르몬과 면역 물질을 만드는데, 성장 호르몬은 낮 동안 거의 분비되지 않다가 수면 시작 직후 한두 시간 내에 가장 왕성하게 분비된다. 또한 면역 물질도 만들어져서 감기 예방에도 좋다.

밤이 깊도록 공부하는 것은 학생들에게 커다란 스트레스다. 이 스트레스를 감지하면 노르아드레날린이라는 호르몬이 분비되어 결국에는 건강을 해치는 것이다.

부모는 자녀들의 일상적인 수면 습관과 생활 방식을 잘 살펴보고 교정해주는 것이 바람직하다. 아침에 일어나 온수로 샤워하고 규칙적으로 햇볕을 쬐는 것이나, 밤 10시경에 잠자리에 드는 것 등, 생체 리듬을 위한 가장 좋은 방법을 자녀들에게 유도하도록 한다.

노년기의 수면,
이것이 문제다

　　　　·　　　65세 이상 노년층의 거의 과반수가 수면 문제로
고통을 받고 있다. 그중 20% 정도가 불면증으로 알려져 있다. 세월이 흐
름에 따라 수면의 일주기 양상이 변하여 노년기 생체시계는, 잠자는 시간
이 빨라지고 일찍 일어나게 되는 수면 리듬을 갖는다. 그래서 청소년기에
는 '올빼미형'이었다가 나이가 들면서 '종달새형'으로 바뀌어간다.

　또한 깊은 수면의 단계인 서파수면이 총 20%이던 것이 50~60세가 되
면 5% 수준으로 감소된다. 4단계 수면에서 성장 호르몬이 분비되는데, 나
이가 들면 3단계, 4단계 수면 시간 자체가 감소하여 성장 호르몬의 분비도

점점 감소한다.

　성장 호르몬이 노년기에 무슨 연관이 있을까? 노년기에도 필요하다. 이 호르몬은 세포와 조직을 보수하고 새롭게 만드는 중요한 역할을 하기 때문이다. 그러나 60대 이상의 노인에게는 4단계 수면이 거의 나타나지 않아서 성장 호르몬도 거의 분비되지 않는다.

　노년기에 이르면 생활 리듬이 변화되어 수면 문제가 발생한다. 성인기에는 아침이면 날마다 주기적으로 일어나 직장에 나가서 일을 하고 저녁에 들어와 잠을 자는 수면 리듬을 갖고 살았으나, 은퇴 이후에는 할 일이 없고 규칙적이지 않아 늦게 일어나서 방에서 소일을 하는 경향이 심해진다. 활동이 그만큼 적어지고 생활 습관 등의 변화로 수면 패턴에 문제가 생긴다. 그러다보니 자연히 깊은 잠을 못자고 얕은 잠인 렘 수면에 머물게 된다.

　노년기에는 중도 각성이 많아진다. 자다가 깨서 다시 자려고 해도 좀처럼 잠들지 못하는 것을 중도 각성이라 하는데, 이를 수면 유지 장애라고 한다. 렘 수면은 얕은 잠이라 옆에서 조금만 부스럭거려도 쉽게 깨는데 이러한 중도 각성은 노인이 되면 더욱 빈번하게 발생한다.

　특히 남성은 나이가 들면서 전립선 비대염의 발생률이 높아져 밤에 자주 깨어 소변을 보러가는 경우가 많아지고, 여성은 방광염으로 자주 깨는 경향이 있다.

░▓ 노년에는 왜 잠이 없을까

노년기에는 수면 효율이 감소한다. 노인들이 쉽게 잠들지 못하고 잠자리에 들어서 실제로 수면을 취하는 시간의 비율을 '수면 효율'이라고 하는데, 30대 수면 효율이 거의 100%이던 것이 60~70대가 되면 수면 효율이 크게 떨어져 70% 정도에 이른다. 그래서 잠을 자고도 푹 잔 것처럼 느껴지지 않는다.

그러나 무엇보다도 노년기에는 수면 무호흡증이나 하지불면 증후군이 노화와 함께 더 많이 나타난다. 노년기의 수면 문제는 바로 이러한 장애에 의한 경우가 가장 크게 작용하기 때문에, 오히려 노화 과정이 아니라는 주장도 설득력이 있다.

남성은 수면 무호흡증이 여성에 비해 8배나 많으며, 여성은 수면 무호흡증이 폐경기 이후 급격히 증가한다. 그래서 수면 무호흡증의 원인이 되는 비만, 흡연, 심한 코골이 등도 같은 영향을 받는다. 하지불편 증후군은 30~50세 사이에 인구의 5%에서 나타나며, 50세 이후에는 29%, 65세 이후에는 44%의 유병률을 보인다. 주기성 사지운동증도 나이가 들면서 증가되는데 60세 이상 노인의 34% 이상에서 나타난다.

노년기에도 거의 일정한 시간에 잠을 자야 한다. 노년기의 수면 리듬이 망가지지 않도록 생체 리듬을 회복하는 것이 중요하다. 나이가 들면 수면 요구량이 약간 적은 것은 사실이지만, 아침, 저녁으로 햇볕을 쬐고 낮에는 일을 찾아 활동하고 트립토판이나 멜라토닌이 함유된 음식을 먹는 것도 잊지 말아야 한다. 또한 불면증이 있을 때는 낮잠을 자지 않는 것도 방법이다.

　노년기에 잠을 잘 자려면 평상시에 규칙적인 운동이나 정신적인 운동을 하는 것이 필요하다. 외국어를 공부하다든지 역사 공부, 철학 공부, 컴퓨터 공부, 심지어는 장기, 바둑 같은 정신 운동을 하면 더욱 좋다.

05

우울증, 뇌의 질병이다

우울증,
마음의 병

        우울증은 '마음의 병'이라 부를 만큼 세상을 살면서 한 번쯤은 경험할 수 있는 정신장애로, 그냥 방치해서는 안 되는 병이다. 이 우울증은 남녀노소 누구에게나 찾아오며 인종이나 지위, 직업에 관계없이 발병된다. 세계보건기구(WTO)에서는 2020년이 되면 우울증이 모든 연령에서 1위를 차지할 것으로 예측하였고, 1996년 로페즈와 뮤레이도 경제적으로나 삶의 질을 가장 심하게 해치는 질병의 1위가 우울증이라고 했다. 우리나라도 한국보건사회연구원의 한 조사에 의하면, 성인 4명 중 1명이 우울증이고, 청소년은 3명 중 1명이 우울증이라고 보고한 바 있는

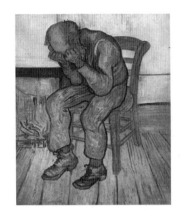

데, 이는 미국이나 일본보다 2배 앞선 수
준이다.

우울증에 걸리면, 세상만사가 싫고 재
미없으며 사는 것도 귀찮고, 식욕이나 성
욕도 떨어진다. 즉 모든 것이 우울하고 슬
프게 느껴진다. 잠도 제대로 오지 않고 집
중력이 떨어져 일이나 공부도 손에 안 잡

히며 불안과 피로감을 경험하게 된다. 또한 자신이 싫어서 견딜 수가 없어
차라리 죽는 것이 낫다는 생각에 자살을 시도하는 경우도 자주 나타난다.

⣿ 세상이 살만한 가치가 없다고?

우울증 환자의 2/3는 자살을 생각하며, 실제로 15% 정도는 자살을 시도
한다. 보통 자살을 시도하는 원인의 약 80%는 극도의 우울증이다. 대체로
자살 시도는, 심한 증상일 때는 기력이 없기 때문에 행동으로 옮기기가
어려워 오히려 회복기에 흔히 나타난다고 한다. 이것은 우울증이 다 낫지
않은 부분 회복 상태에서 자살 시도에 필요한 에너지를 다시 얻게 되어 자
살 위험이 증가하기 때문이다. 우울증은 뇌의 신경전달물질인 세로토닌이
잘 분비되지 않아서 발병하므로, 이 물질은 자살과 밀접한 연관이 있다.

우울증에 걸린 사람들은 세상이 살만한 가치가 없다거나 자기 상황이
너무 고통스러워서 죽을 수밖에 없다고 생각하게 된다. 따라서 우울증으

로부터 해방되려면 항상 긍정적이고 낙관적인 태도로 삶을 살아가는 것이 중요하다. 그리고 사랑의 감정을 지속적으로 경험하도록 노력하여 우리 몸을 이완시켜서 질병에 저항하는 면역력을 극대화시키도록 한다.

▌▊ 어린이 우울증 현상

우울증은 점차적으로 저령화되고 있다. 전에는 우울증이 중년기에 많이 발생하는 것으로 보고되었으나, 최근에는 청소년기에 가장 많이 발생하며 어린이도 우울증으로 고통 받는 경우가 일반화되고 있다. 대체적으로 약 3% 정도가 어린이 우울증이다.

우울증과 관련이 깊은 뇌는 대뇌 변연계로 10~11세에 거의 완성되는데 스트레스에 매우 민감하다. 어릴 때 스트레스를 많이 받으면 스트레스 호르몬인 코르티솔의 수치가 높아지고 대뇌 변연계가 과잉 활성화되어 어린아이라도 이 기전은 피할 수 없다.

어린이 우울증의 일반적인 증상은 아이가 슬퍼 보이고 기분이 좋지 않아 보이는 것으로, 사람들과 함께 놀지 않고 일상적인 활동을 하지 않으며, 흥미를 느끼던 일도 흥미를 잃고 기운이 없다. 즐거워할 힘이 거의 없고 짜증을 잘 내며 잠을 자지 못해 피곤해서 아침에 일어나기가 힘들다. 또한 자주 배나 머리, 허리가 아프다고 불평을 하며, 사랑 받지 못하고 있다고 항의하면서도 위로와 사랑 받기를 거절한다. 그렇게 점점 더 공격적인 행동을 하게 된다.

⠿ 청소년 우울증 현상

우리나라 청소년의 우울증은 날로 심화되어 가고 있다. 이미 오래 전에 한국보건사회연구원에서는 전체 국민의 25.3%가 경증 이상의 우울 상태(10명 중 4명)이며, 청소년(15~22세)의 우울증은 34.5%(3명 중 1명)이고, 그중 100명 중 14명(7명 중 1명)은 치료가 시급한 중증의 우울증을 경험하고 있다고 발표한 바 있다.

청소년의 우울증이 큰 문제가 되는 것은 자살률이 높기 때문이다. 일반적으로 우울증 자살률은 15%인데, 기분 장애를 가진 사춘기 청소년이 장애가 없는 또래보다 자살 기도율이 두 배나 높다. 또한 청소년의 죽음 가운데 25%가 자살이다. 특히 청소년기는 충동성이 강하기 때문에 우울증 상태에서 자살할 경향이 높으며, 재발률 또한 매우 높다.

일단 우울증에 걸리면 치료 시 거의 회복되는데 완전히 낫는 것은 아니다. 불행하게도 1년 안에 25%, 2년 안에 40%, 5년 안에 70%가 재발하며, 발병 후 5년 안에 20~40%가 조울증(양극성장애 1형)으로 발전하게 된다. 양극성 장애 1형은 조증과 울증이 교대로 나타나거나 조증이 반복적으로 나타나는 게 특징이다. 최근 청소년의 우울증은 양극성 장애가 흔히 발병하고 있다.

■ 여성 우울증 현상

여성은 남성에 비해 우울증의 발병률이 2~3배 정도 더 높은 것으로 알려져 있다. 이유는 에스트로겐이라는 여성 호르몬과 뇌의 기능이 다르다는 것이 주요인이다.

여성의 에스트로겐이라는 호르몬은 우울증과 연관을 가지고 있다. 여성이 월경전이라든가 폐경기에는 우울증에 더 잘 걸리는데 그것은 바로 에스트로겐 때문이다.

에스트로겐이 부족하면 뇌에서 분비되는 세로토닌의 농도가 낮아진다. 세로토닌 농도가 낮아지면 여성은 우울해지거나 불안해지는 경향이 생기며 초조감, 무력감, 수면장애, 과식, 성욕 감퇴 등을 쉽게 느낀다.

에스트로겐은 세로토닌의 분해를 막는 작용을 한다. 때문에 에스트로겐의 농도가 낮아지면 월경 전이나 폐경기 여성에게서 우울증이 나타나는 것이다.

여성은 감정의 뇌인 변연계가 남성보다 더 크다. 그래서 유대 관계가 와해되었을 때 더 큰 충격을 받는다. 예를 들어 자녀나 배우자가 사망했거나 상실되었을 때, 뇌의 변연계는 과잉 활성화되어 우울증으로 나타나게 된다.

변연계가 과잉 활성화되면 부정적인 마음이 생기고 사건을 부정적으로 바라보게 되어 우울증에 빠진다. 뿐만 아니라 변연계는 수면, 식욕, 성욕을 담당하는 곳이기 때문에, 여기에서 모든 문제가 야기되고 우울증뿐만 아니라 조울증, 월경전 증후군도 흔히 나타나게 된다.

변연계는 신경전달물질인 세로토닌를 비롯하여 도파민이나 노르에피네프린이 부족해서 과잉 활성화된다. 세로토닌의 부족은 전대상회의 과잉 활성을 만들어 강박적 사고와 강박 행동을 하게 만든다. 대상회의 과잉 활동은 주의를 전환시키는 데 문제가 있기 때문에 자동적으로 'NO'라는 단어를 많이 사용하게 된다.

인간의 뇌 속에서 세로토닌이 만들어질 때의 속도를 측정하는 화상 기술을 개발하여, 뇌 속에서 세로토닌이 만들어지는 속도가 남성이 여성보다 52%나 빠르다는 것을 알아냈다. 이러한 연구 결과로, 여성이 남성에 비해 세로토닌 농도가 쉽게 떨어진다는 것을 알았다. 세로토닌의 농도가 낮아지면 여성은 우울해지거나 불안해지는 경향이 보이는 반면, 남성은 공격적이 되거나 알코올에 의존도하는 경향이 높아진다.

▪ 남성보다 스트레스에 약한 여성

여성은 남성보다 스트레스에 더 약하다. 스트레스를 받으면 세로토닌의 농도가 급격히 떨어져서 우울증의 원인이 된다. 남성들은 직장 생활을 통해 받은 스트레스를 동료들과 술이나 게임 등으로 풀 수 있지만, 여성들은 직장이나 가족 관계에서 오는 스트레스를 풀 방법이 없어 이중고를 겪으며, 신앙생활 등으로 카타르시스를 하게 된다.

그래서 우리나라 여성들은 쌓인 스트레스를 남에게 쉽게 말하지 못하고 겹겹이 내면에 쌓아오다가 결국은 세계에서도 유일하게 화병이라는 불명예스러운 병명을 얻게 되었다. 이것을 미국 정신의학회에서는 한국 여성의 고유한 질병으로 소개하고 있다. 화병은 분노증후군의 일종이면서 우울증과 연관된다.

우울증을 예방하고 치료하기 위해서는 트립토판이라는 아미노산이 많이 들어있는 음식을 섭취하는 게 좋다. 트립토판이 많이 함유된 식품은 어패류, 달걀, 두부, 땅콩, 바나나, 아몬드, 우유, 치즈 등이다. 트립토판이 부족하면 우울증에 걸리는데, 트립토판을 영양 보조제로 섭취하면 뇌 속에 세로토닌이 늘어나 항우울제를 먹었을 때와 비슷한 효과를 볼 수 있다.

에스트로겐은 햇빛을 받으면 분비량이 늘어나지만, 현대인들이 햇빛을 받는 시간이 고작 한 시간 정도임을 감안하면 세로토닌의 분비에 크게 영향을 미친다. 더구나 겨울에는 일조량이 부족해서 더욱 문제가 된다.

스트레스 또한 세로토닌의 농도를 급격히 떨어뜨리는 요인이다. 그래서 리듬 운동으로 스트레스를 줄이거나 몸을 부지런히 움직이는 것이 좋다.

고단백 식사를 할 때, 바나나와 과일주스 같은 당류와 함께 먹으면 뇌 속에서 세로토닌이 만들어진다. 과일주스나 바나나는 당 성분이 높아서 인슐린이 분비되어 트리토판이 혈액 뇌 관문을 통과하는 것을 돕는다. 우울해지면 유난히 단 것이 먹고 싶은 것도 인슐린을 분비해 트립토판을 뇌로 운반해서 세로토닌을 만들려는 것이다.

▞ 계절성 우울증 현상

우리나라는 사계절의 특수성을 지녀서 그 어느 나라보다 계절에 따른 정서와 행복감을 느낄 수 있다. 반면, 미국과 같이 땅이 넓은 나라는 지역마다 기후가 달라 시카고가 겨울이면 마이애미는 태양 볕이 쨍쨍 내리 쬐기 때문에 시카고 사람들은 마이애미에서 휴가를 보내기도 한다.

그런데 햇빛이 줄어드는 겨울철에 많이 발생하는 병이 있다. 이를 '계절성 기분 장애'라고도 하고 흔히 '계절성 우울증'이라고 부르기도 한다.

우리나라처럼 북반구의 나라에서 자주 나타나고, 특히 여성에게 잘 나타난다. 가을과 겨울, 이른 봄에 취약한 이 계절성 우울증은 수면 과다, 무기력, 탄수화물 충족 욕구에 따른 과식, 체중 증가 등 비전형적인 우울증 증상을 보인다. 우울하고 쉽게 피로하며 의욕 상실 등의 증세는 일반 우울증과 같다. 그러나 반대로 늦은 봄과 여름에 무작정 기분이 좋아지는 소위 '경조증'이 나타나기도 한다.

어떤 여대생이 상담소에 찾아 왔다. 그녀는 봄에서 가을까지는 활기가 있고 생기가 넘쳐 매사에 적극적이며 동료들과도 즐겁게 지내는데, 겨울만 되면 에너지가 떨어지고 무기력해지며 집중력이 저하돼 몸도 마음도 쉽게 지친다는 것이다. 혼자서 푹 쉬고 싶고, 매일 늦은 시간까지 잠을 안 자며 단 음식을 찾아 폭식하는 등 일상에 적응하지 못한다고 한다. 그녀의 병명은 계절성 기분 장애로 진단됐다.

이러한 계절성 우울증의 원인으로는 부족한 일조량도 한 몫 하는데, 이로 인해 뇌의 시상하부가 제대로 균형을 이루지 못한다. 따라서 생체시계의 균형을 깨뜨리고 멜라토닌의 불균형을 만들어내 계절성 우울증을 발병케 하는 것이다. 그래서 가을이나 겨울에는 햇볕을 매일 20분 정도 쬐어주어야 건강할 수 있다.

아침 햇볕을 쬐면 15시간이 지난 후에 멜라토닌을 분비해서 잠이 잘 오게 하고 낮의 햇볕은 세로토닌을 분비케 해서 우울증을 예방, 치료하는 데 도움이 된다. 햇볕에 노출되면 망막과 시상하부를 통해서 시교차상액의 생물 시계로 전달되어 생체시계를 조절할 수 있다.

한편, 다른 비타민들은 음식으로 섭취하는 것에 반해, 비타민 D는 햇볕에 의해 피부에서 합성되므로 해가 짧은 겨울철에는 결핍되기 쉽다. 계절성 우울증은 일조량이 늘어나는 봄, 여름이 되면 자연스럽게 해소되기도 한다.

우울증,
세로토닌으로 극복하라

2013년 2월 25일 국회의사당 앞마당에서 7만여 명이 참석한 가운데 '제18대 대통령 취임식'이 열렸다. 이날 박근혜 대통령은 취임사를 통해 '국민'이라는 단어를 57번, '행복'이 라는 단어를 20번 언급했고, 이 두 단어를 합하면 '국민 행복' 시대를 열겠다는 대통령의 각오를 엿볼 수 있다.

우리나라 국민들은 지난해를 불행한 시대였다고 표현했을 정도다. 그렇다면 왜 사람들은 불행을 느끼고, 인생을 비관하고, 슬퍼하고, 두려워하고, 고통스러워하는 것일까.

사람들이 불행을 느끼게 하는 원인은 많지만, 그 중에서도 '세로토닌'이 부족할 때, 우리는 별다른 이유 없이 우울해지고 불행하다고 느낀다. 뇌의 시냅스(뇌 신경 접속 부분)에서 분비되는 세로토닌은 행복을 생산하는 신경전달물질이다. 즉 세로토닌이 지휘자로서 뇌 전체 분위기를 만들어내며 의식(각성) 수준이나 건강 상태들을 연출하는 것이다.

　세로토닌이 분비되면 뇌간 가운데 봉선핵에서 수만 개의 세로토닌 신경이 뇌 전체에 축색돌기를 보내고 세로토닌의 농도를 일정한 수준으로 유지시킨다. 이로써 밤에는 멜라토닌에 의해 잠을 자고, 아침이 되면 세로토닌이 교감신경을 적절히 활성화시켜서 몸을 각성 상태로 만들고 행복한 하루를 주도한다.

아동·청소년의
가면우울증

          우울증이란, 우울하고 슬프고 세상만사가 다 귀찮아서 그렇게 좋아하던 일도 다 싫어져 아무것도 하지 않으려고 한다. 집중력이 떨어지거나 수면장애와 식욕 장애가 생겨서 혼자 있고 싶고, 죽고 싶은 마음이 생기기도 한다.

   이런 증상이 2주 이상 계속 될 때 '임상형 우울증'으로 진단이 내려지는데, 아동이나 청소년은 아직 미성숙, 미발달되었기 때문에 어른들과는 달리 '가면성 우울증'으로 그 증상이 나타난다.

   소아기 우울증 중에는 '의존성 우울증'이 있다. 어머니와 격리되었을 때

슬프고 위축되며, 발육이 지연되고,  반응이 느리며, 무감각해지거나 먹고 싶은 마음이 없어지고, 매우 우울하며 냉담한 표정을 짓고, 또 체중 감소와 불면증을 호소한다. 태어나서 4세 아이에게 가장 많이 발생된다.

소아기 때에도 가면우울증이 존재하는데 울음, 불면증, 과민성, 야뇨증, 학습장애, 반사회적 행동, 불안,

공포, 신체적 발육 부진의 증상을 보인다. 이 우울증은 말을 해도 반응이 없고 웃거나 울지 않는데, 일단 울기 시작하면 달래기가 힘들다. 그리고 잠을 자거나 먹는 데에도 문제가 생기고, 변비나 설사를 하기도 한다.

아동기 우울증에는 불평, 불순종, 부정적, 잦은 울음, 야뇨증, 변비, 설사, 수면 부족, 섭식 문제, 두려움, 두통, 위통이 있고, 팔다리가 저리거나 손톱을 씹는 등의 증상도 나타나며 심하면 자살 생각을 하기도 한다.

⁞▪ 비행청소년처럼 나타나는 가면우울증

청소년기의 가면우울증은 마치 비행청소년처럼 나타난다. 마음의 고통을 줄이기 위해 나쁜 집단에서 어울리거나 비행을 저지르는 경우가 있는데, 남을 때리거나 물건을 부수는 공격적인 과잉 행동을 저지르게 된다.

우울함을 피하기 위해 약물을 사용하거나 음주 또는 마약, 본드 등을 사용하는 일도 있다. 또 게임 중독에도 빠지기도 쉽다. 슬픔을 완화하기 위해 성적 문란을 일으키거나 다른 쾌락을 찾게 되며, 인터넷에 몰두하기 시작하면 그것을 단지 인터넷 중독으로 오인할 수도 있다.

우울과 관련된 분노를 방출하기 위해서 하는 파괴적이고 공격적인 행동들이 마치 품행 장애인 것으로 잘못 이해될 수 있다.

성인 우울증의 경우는 밥을 안 먹고 잠을 잘 안자는 반면, 청소년들의 경우는 과식을 하거나 지나치게 잠을 많이 자는 비정형 우울증의 형태를 띠는 것이 특징이다. 그리고 잠을 많이 자고도 아침에 깨우면 짜증을 부려 부모를 당황하게 만들기도 한다. 그리고 학교에 가자마자 가방을 옆에 놓고 또 잠을 잔다.

학교에서 공부를 안 하고 선생님께 꾸중을 들으면 정면으로 대항해서 불량한 학생으로 보이기도 하고, 부모님이 꾸중을 할 때에도 반항해서 엄청난 화를 키우는 경우가 있다.

▪ 우울증의 원인

간혹 비행청소년, 일탈청소년으로 여겨진다면 일단 가면우울증이 아닌지 일차적으로 의심해 보도록 한다. 청소년 우울증은 특히 '자살 생각'에서 '자살'로 이어지는 확률이 다른 사람에 비해 9배나 더 높다. 이러한 아동·청소년 우울증의 원인은 다음과 같다.

첫째로 생물학적 요인을 생각할 수 있는데, 신경전달물질인 세로토닌이나 도파민, 그리고 노르에피네프린의 부족으로 발생한다. 그중 가장 크게 작용하는 것이 세로토닌의 부족이다.

둘째는 뇌 기능의 이상이다. 우울증에 걸린 사람들은 뇌의 변연계 기능이 과잉 활성화된다. 변연계는 마음과 정서 상태를 조절하는 우리 감정의 중추이면서 기억의 중추이며 식욕, 수면 등을 조절하고 인간관계를 유대·증진시킨다. 그런데 변연계가 흥분되거나 과잉 활성화되면 부정적인 마음이 우세하여 우울증이 오게 되고 사건을 부정적으로 해석하며, 타인과의 유대관계를 단절시키고 자살률을 증가시킨다. 또한 변연계는 긍정적, 부정적 기억을 저장하는데, 특히 강한 정서적 기억을 저장한다. 부모가 학대했다든가, 연애하다가 실패했다든가, 대학에 떨어졌다든가 했을 때 기억하는 것이 변연계이다. 물론 그와 반대로 1등을 했다든가 복권에 당첨되었을 때도 기억을 저장하기도 한다.

셋째는 스트레스를 주는 환경적 요인이다. 청소년에게 스트레스를 주는 환경적 요인은 상실(사랑의 상실)로서 부모가 사망했다든가, 연애하다 실패한 경우, 왕따나 폭력 같은 경험했을 때 우울증이 심하게 나타날 수 있다.

넷째는 잘못된 사고이다. 사건을 부정적이거나 왜곡되게 해석하는 비합리적 사고를 지닐 때 우울증에 걸린다. 비합리적 사고에는 비합리적 신념이나 인지 오류가 있는데, 자신이나 타인 그리고 환경을 부정적으로 해석했을 때 또는 당위적 사고나 잘못된 추론으로 우울증을 유발하게 된다.

다섯째는 성격적 요인이다. 성격 유형 검사로서 에니어그램 4유형이 예

술가 유형이다. 가장 상상력이 풍부하고 독창적이고 감정적이며 미적 감
각이 특별하다. 그러나 그들은 감수성이 예민하여 감정 기복이 심하고, 따
라서 우울증에 걸릴 확률도 높다.

여섯째는 영적 요인이나 다른 질병과의 동시이환으로 나타나는 것이다.
학습장애, ADHD(Attention Deficit / Hyperactivity Disorder), 양극성 장애, 품행 장
애, 불안 장애 등과 공존하는 경우가 있다.

청소년 우울증의 일반적인 증상으로 슬픔, 집중력 저하, 흥미 상실, 수
면장애, 체중 이상, 죄책감, 초조와 불안 그리고 자살 생각 등이 있다. 이
런 증상이 5개 이상 2주 넘게 계속 됐을 때 진단된다. 특히 부모의 사망
등 사랑하는 사람의 상실을 겪을 때는 2달 이상일 때 진단된다.

우울과 관련된 분노를 방출시키는 수단으로 파괴적이고 공격적인 행동
(폭력 등)을 한다. 또한 수업을 방해하는 행동(선생님께 대들거나, 장난하거나 즉각
적인 행동)을 하기도 한다. 청소년이 품행 장애 행동을 보인다면 거의 가면
우울증이 아닌지 살펴봐야 한다.

▪ 사랑이 최고의 보약이다

이처럼 청소년의 우울증은 기분 변화가 심한 것이 특징이다. 짜증을 내
다가도 친구를 만나면 갑자기 좋아지고 행복해 보인다. 이런 경우에는 '양
극성 장애(조울증)'를 의심해야 한다. 청소년 우울증의 과민성은 때론 엉뚱
하게 폭력적인 행동으로 나타날 수 있다. 그리고 아동·청소년기는 기분

변화가 심한 시기이기 때문에 부모님의 무조건적인 사랑이 최고의 보약이다. 사랑의 상실이나 자존감이 상실되지 않도록 주변의 적극적인 지지가 필요한 시기이다.

우울증에 걸리면
절망감에 빠진다

사람들은 우울증에 걸리면 깊은 절망감에 빠진다. 마치 몹쓸 병에 걸린 것처럼 주위에 숨는다든가, 무슨 큰 죄를 지은 사람처럼 죄책감에 시달리기도 한다. 또 어떤 이들은 치료해도 낫지 않는다는 부정적 생각 속에서 낙오자처럼 움츠리고 살아가기도 한다.

그런데 우리가 알고 있는 유명한 사람들 중에는 우울증을 겪고도 잘 극복하여 훌륭한 삶을 살았던 사람들이 많이 있다.

▪▪ 유명인들의 우울증

우울증에 걸렸던 한 사람으로 미국인들이 가장 사랑하고 존경하는 에브라함 링컨 대통령이 있다. 링컨은 9살에 친어머니를 잃고 의붓어머니 밑에서 성장했다. 그는 정규 교육도 거의 받지 못했고 하는 일마다 실패했으며, 결혼생활도 불행했다. 청년시절에는 친구와 동업했지만 빚만 남기고 파산당해 채무에서 벗어날 수 없었다.

또한 하원의원, 상원의원을 수차례에 걸쳐 낙선하였고, 대통령이 된 후에도 언론의 심한 배척을 당하는 등, 그의 정치생활은 결코 순탄치 않았다. 링컨은 계속되는 실패로 인해 깊은 우울감을 느꼈고, 성인기의 절반을 거의 우울증에 시달려야만 했다. 그러나 그는 굳건함과 정직함으로 실패를 이겨내고 어려움을 극복한 성공적인 삶을 살았다.

또 한 사람은 20세기를 대표하는 인물 중에 한 사람인 영국의 정치 지도자 처칠 수상이다. 그는 평생 우울증으로 고통받았다. 그의 아버지는 하원의원이었고, 어머니는 당시 상류층 사교계의 여왕이었다. 그렇게 바쁜 부모 탓에 유모의 손에서 자라났고, 그의 유년기는 버려진 듯한 환경과정에 굶주린 어린 시절로 인하여 문제아로 성장할 수밖에 없었다.

그의 우울증은 이미 성장 배경에서 예고된 것이었다. 하지만 처칠은 자신을 괴롭히는 우울증을 '검정개'라고 유머러스하게 표현하였다. 실제로 우울증은 누구나 마주칠 수 있는 동네 개와도 같다는 점을 생각한다면, 처칠은 우울증의 속성을 잘 알고 있었던 것 같다.

그는 자신의 상태를 깊이 통찰할 수 있는 능력이 있었기에 정치지도자로서, 화가로서, 저술가로서 활동하며 노벨문학상을 수상했고 많은 사람들의 존경을 받는 인물이 되었다.

만유인력의 법칙을 발견한 아이작 뉴턴은 1642년 유복자이자 미숙아로 태어났다. 뉴턴이 3살 때, 그의 어머니는 재혼했고 어린 뉴턴은 외갓집 가정부의 손에서 양육되었다. 어머니의 재혼은 그에게 깊은 상처를 주었고, 뉴턴은 어머니를 빼앗아가 버린 양아버지를 몹시 미워했다.

어머니가 새로 낳은 세 명의 아이들과 함께 고향으로 돌아왔을 때, 뉴턴은 이미 마음의 상처가 깊어져 있었다. 그는 삶의 대부분을 은둔한 채로 살았고 금욕적이었으며, 옷차림도 단정치 못했다. 자기 집 정원의 잡초마저 못마땅해 하는 고질적인 우울증 환자였다.

어린 시절 사람들과 정을 주고받는 법을 배우지 못한 그는 천재임에도 인생의 동반자를 얻지 못해 평생 독신으로 살았다. 동료 과학자들과도 의견이 항상 대립되었고, 연구 면에서도 적대적 입장을 취하는 사람이 태반이었다.

그러나 뉴턴은 이 모든 어려움을 이겨내고 자신의 연구 분야에 더 열중했으며, 그 우울증의 짐을 지치지 않는 집념으로 이겨냈다.

또 한 사람을 더 이야기 한다면, 음악가 슈베르트이다. 그의 어린 시절은 가난과 병약함으로 몹시 우울했으며 부모님의 반대로 사랑하는 사람과도 이별해야만 했다. 그는 이런 우울과 불안을 예술(음악)로 승화시켜서 극복했다. 지금도 그의 음악은 너무나 많은 사람들의 사랑을 받고 있으며 가곡의 왕으로 불리고 있다.

우울증은 뇌 속 신경전달물질의 이상으로 나타나는 뇌의 질병이라는 것이 밝혀짐에 따라, 약물 치료와 심리 치료가 병행된다면 아주 효과적으로 치료될 수 있다. 또한 앞에서의 여러 예처럼 어떤 사고의 전환으로도 쉽게 치료될 수 있다고 본다.

노년기,
상실을 극복하라

       젊게 사는 노년 세대가 늘어남에 따라 노년기를 결정하는 것이 갈수록 어려워지고 있는 상황에서, 대체적으로 60세 이상의 나이부터 죽음에 이르는 시기를 '노년기'로 본다.

    우리나라에서는 65세 이상의 노인들에게 지하철 무임승차 등 여러 가지 혜택을 제공하고 있는 실정이다. 통계 조사에 의하면, 2008년 기준 국내 65세 이상 노인 수는 500만 명이며, 연간 20만 명씩 증가해 2020년엔 770만 명에 이를 것으로 추산된다.

■ 신체 반응 속도가 느려진다

복잡한 과제에서 신체 반응 속도가 50%로 감소하고, 단순한 과제에서도 조금씩 감소하게 된다. 이는 나이를 먹을수록 중추신경계가 느리게 작동하기 때문이다. 특히, 뇌로 가는 혈액이 감소하여 회복 불능 상태가 되고, 신경계가 노후화되서 정보 처리 과정에서의 비효율적인 요인들이 모두 복합적으로 상호 작용하는 것이라고 보고되고 있다.

정보 처리 속도가 감소하면 학습이나 기억, 지각 능력도 떨어지는데, 이때 운동을 하면 뇌로 가는 혈액의 흐름이 증가하기 때문에 반응 시간을 개선할 수 있다.

■ 감각 기능에 변화가 생긴다

나이가 들면 감각 자극에 민첩하게 반응하지 못하고 정보를 바로 인식하지 못한다. 특히 시각과 청각의 손상이 문제로 나타난다.

65세 이상 노인 가운데는 일상생활에 지장을 줄 수 있을 정도로 시력장애가 많아 시력이 0.3 이하인 경우도 많다. 또한 수정체가 혼탁해서 생기는 백내장도 많으며 70대에는 70%가 이 질환을 앓고 있다.

녹내장은 60~85세 노인들에게서 급격히 증가하는 것으로, 눈 안의 압력 즉, 안압이 높아져 시신경이 눌려서 손상을 받아, 그 결과 시야가 이상하게 보이는 질환이다.

대부분 망막이 회복 불가능할 정도로 손상될 때까지 아무 증상이 없는 것이 특징이다. 한번 녹내장이 걸리면 시력을 완전히 잃을 수 있으므로 50세가 넘으면 정기적으로 녹내장 검사를 받는 것이 중요하다.

시각과 마찬가지로 나이를 먹음에 따라 청각 손상도 나타난다. 청력 감소는 60세 이후 노년기의 보편적인 현상으로, 65~74세 노인 10명 중 1명 꼴로 청력 감소를 경험한다. 청력 손상이 생기면 대부분 빠른 말을 잘 알아듣지 못한다.

▪▪ 뇌 신경계에 변화가 생긴다

나이를 먹을수록 뇌의 무게가 줄고, 수상돌기의 밀도가 감소되며, 대뇌의 회백질이 감소된다. 그리고 신경세포의 자극 전달 속도가 줄어드는 변화가 생긴다.

가장 문제가 되는 것은 수상돌기의 밀도 감소이다. 수상돌기는 뇌의 수신 안테나와 같은 기능을 한다. 간혹 이 수상돌기의 밀도는 뇌 전역에 걸쳐 골고루 감소하지 않고 어떤 부위에서는 증가하는데, 오히려 뇌신경세포의 밀도는 감소해서 비효율적인 상태가 된다. 아울러 대뇌를 싸고 있는 대뇌피질과 회백질도 감소하게 된다. 이는 모두 수상돌기의 밀도 감소에 의한 것으로 알려져 있다. 뇌의 피질은 정보 처리와 고등 정신 활동의 저장소로, 무의식 속에 전문 기능을 하고 있다.

회백질은 오메가Ⅲ 지방산의 한 형태인 DHA로 구성되어 있으며,

DHA는 기억력에 좋은 영향을 미친다. 또한 뇌에 있는 여러 가지 신경전달물질 가운데 아세틸콜린은 나이가 들면서 감소되어 기억력을 떨어뜨리고, 도파민의 감소는 파킨슨병을 불러오기도 한다.

신경계의 또 다른 변화는 신경 단위인 뉴런의 수가 감소하는 것이다. 기억과 관계가 있는 해마의 신경세포는 40세 이후 10년 단위로 5%씩 줄어든다. 그런데 해마의 신경세포가 70세가 넘은 사람에게서 증식된다는 새로운 사실이 밝혀졌는데, 그 비결은 지속적인 운동이나 기억력 훈련에 있었다.

▪▪ 정신건강 문제에 노출된다

노년기가 되면 우울증, 치매 등 정신건강 문제에 노출된다. 육체가 쇠퇴하는 육체적 상실, 돈을 벌 수 없는 경제적 상실, 아버지로서의 권위 상실, 직장에서의 지위나 역할의 상실, 친구들이 세상을 떠나는 관계의 상실 등을 경험하게 되는 것을 피할 수 없다. 젊을 때는 스트레스에 대처하는 힘이 있었으나 나이가 들수록 점점 약해진다.

이로 인해 성격이 변하고 정신건강에 많은 문제를 노출시킨다. 노년기에 일어나는 성격 변화로는 자기중심적, 보수적, 잦은 의심, 건강염려증, 푸념이나 주제넘게 나서는 행위, 무감동 등이 있다. 감정의 유동성이나 탄력성이 저하돼 사소한 걱정에 대해서도 대응이 어려워진다. 이는 나아가 우울증, 자살, 치매 등 정신건강 문제로 이어진다.

우리나라 19세 이상 성인의 12.5%(8명중 1명)가 1년간 우울증을 경험한 반면, 70세 이상은 17.9%로 월등히 높다. 노인 자살 인구는 10만 명당 91.7명으로 OECD 국가 중에서도 높은 수준이다.

또한 65세 이상 노인의 9.4%가 치매를 앓고 있다. 특히 고령화 사회에서 치매는 정신건강의 가장 큰 문제로 꼽힌다. 신경세포는 대체로 나이가 들수록 감소하지만 성장도 한다. 따라서 노년기에 해마의 신경세포를 증식시키려면 꾸준한 운동이 필요하다.

노년기 외로움 극복,
바로 사랑이다

외로움은 어느 시기에나 존재한다. 어린 시절에도, 청소년기에도, 중년기에도, 노년기에도 당연히 나타난다. 특히, 노년기에는 그 어느 때보다도 더 많은 상실을 직·간접적으로 경험하게 된다. 그만큼 노년기에는 자살률도 가장 높은데, 이는 인생에서의 가장 많은 상실을 경험하기 때문에 외로움이 극에 달하는 것이다.

미국의 제임스 린치는 이러한 노년의 외로움이 얼마나 큰 스트레스가 되는지를 연구했다. 사람들의 사망을 조사해보면 특히 독신의 사망률이 결혼한 사람에 비해 2배 더 높다고 나왔는데, 노년기 주요 사망 원인이 되는 심장병이나 암, 그리고 각종 사고로 인해 사망하는 확률이 독신이나 미망인, 이혼한 사람보다 훨씬 더 높게 나타났다. 이처럼 외로움은 각종 질병을 초래하고 사망으로까지 인도한다.

▐▘ 사랑, 뇌의 기능과 이어진다

사랑에는 아이를 사랑하는 것, 친구를 사랑하는 것, 이성을 사랑하는 것 등이 있다. 그런데 이러한 사랑의 의미를 뇌의 기능과 연결해 보았더니 그 차이가 매우 크다.

일본의 세계적으로 유명한 뇌 과학자인 안토니오 다마지오 박사가 발표한 재미있는 실험 내용이 있다.

애인 사진과 아이 사진을 보았을 때 뇌가 어떻게 활성화되는지를 살펴보면, 대부분 애인 사진을 본 쪽이 더 강하게 활성화되었다는 것이다. 애인의 사진을 보고 활성화된 뇌의 부위는 변연계의 해마로, 전대상회 그리고 전두엽이었으며, 아이의 사진을 보았을 때는 전대상회와 전두엽의 기능만이 활성화되었다고 한다. 전대상회에 스핀들 뉴런이 있어 행복함을 느끼게 한다.

해마는 변연계의 한 부분으로 사랑하는 감정을 가질 때 이곳에서 뇌신경영양인자(BDNF)가 증가해 스트레스를 방지하고, 우울증이나 각종 질병을 예방한다. 다른 사람과의 유대관계에도 아주 중요한 역할을 한다.

사랑의 감정을 느낄 때 fMRI 스캔을 해보았더니 전대상회, 내측도 그리고 시상핵과 피각들이 활성화됐다. 그리고 우반구의 후대상회와 편도체, 그리고 전전두피질의 일부 활동이 감소하는 것으로 나타났다.

사랑을 담당하는 뇌의 부위는 어느 한 부위만은 결코 아니다. 그보다는 한 기능을 수행하는 데 여러 뇌의 부위들이 관여하는 것이 일반적인 뇌의 원리이며, 사랑의 감정을 느끼는 것도 마찬가지이다.

흥미로운 사실은 애인의 사진을 볼 때 뇌의 다른 부위에 비해 편도체의 활동이 감소했는데, 이는 사랑을 할 때 부정적 정서가 없기 때문이라고 해석된다. 다른 말로 표현하면 친구의 사진에서 느낄 수 없는 행복감이나 안정감이 편도체의 활동을 수준 이하로 떨어뜨렸다고 보는 것이다.

또 사랑을 할 때 전대상회의 활동은 증가하고 후측 부위의 활동은 감소했다. 사랑의 정서를 주관적으로 느끼도록 직접 관여하는 것은 대상회이며, 여기에는 인지 기능과 정서 기능의 양면성이 있다.

▪▪ 사랑은 뇌기능을 향상시킨다

결론적으로, 사랑만이 뇌기능을 향상시켜 우리 몸을 에너지원으로 만든다는 사실이다. 일찍이 철학자 임마누엘 칸트가 행복의 조건을 말했데, 그것은 곧 어떤 사람을 사랑할 것과 어떤 일을 가질 것, 그리고 그 일에 대한 소망을 가지는 것이라고 말했다.

이것이야말로 노년기에 가져야 할 필수적인 행복의 조건인 셈이다. 사랑은 인간의 본능이요, 힘의 원천이요, 치유의 첩경이다.

노년기라고 해서 사랑의 감정 자체가 없어지는 것은 결코 아니다. 사랑이야말로 정신건강의 비결이고 건강한 삶의 원동력이다. 외로움은 사랑으로 극복하는 것이 유일한 길이다.

생명,
천하보다 귀하다

오늘날 우리 사회는 생명을 경시하는 경향이 있는 듯하다. 특히 청소년들의 자살 소식은 우리를 깜짝 놀라게 한다. 인간의 생명을 단백질, 탄수화물 등 구성 분으로 환산하면 날마다 타고 다니는 버스비에 지나지 않는다. 또 보험 회사들은 사람들의 값어치를 그 사람의 직업, 연령, 소득 등에 따라 보험금을 책정하고 지급한다. 그런데 감히 어느 누가 인간의 가치를 환산할 수 있겠는가? 성경은 한 생명을 천하보다 더 귀하게 여긴다는 것이 가장 정확한 대답이다.

우울증은 개인의 병이지만 사회적 정신 병리를 야기한다. 왜냐하면 자살자의 80%가 우울증에 기인하기 때문이다. 자살률은 계속 증가하는 추세에 있으며 특히 노인의 자살률은 세계 어느 국가에서도 찾아 볼 수 없을 정도로 상상을 초월한다. 그렇다면 왜 자살이 급증하고 있는지 원인을 살펴보자.

⁝▪ 자존감의 상실은 정신병리로 가는 길목이다.

첫째, 자살은 정신 병리의 결과에 의한 것이다. 일반적으로 자살 사망자의 80%는 우울증에 의한 것이며 20%가 충동성에 의한 것이다. 우리나라의 청소년 우울증은 경증 우울증을 포함하여 3명 중 1명이고 성인은 4명 중 1명인 실정이다.

자살의 정신병리학적 원인을 보면 우울장애의 15%, 조울증 환자의 15~19%, 정신분열증 환자의 15%, 심한 알코올 중독자의 15%가 자살을 선택한다. 이것을 보면 자살자의 90% 이상은 정신장애의 결과로 나타나는 것이다.

둘째, 자살은 스트레스가 만성화될 때 신경전달물질인 세로토닌이 고갈된다. 세로토닌이 낮으면 공격성이 증가하고 공격성이 높아지면 자살에 이르게 된다. 그래서 스트레스를 받아 우울증에 걸린 사람들이 쉽게 자살을 선택한다. 반면, 세로토닌의 분비가 잘되는 사람이 자살한 경우는 아직까지 한 건도 없다.

셋째, 자살은 사회적 통제력의 상실에 기인한다는 것이다. 사회가 혼란하고 무질서하고 도덕적 통제가 결여될 때, 개인이 속해 있는 사회집단에서 따뜻하게 받아주지 않아 자살에 이르게 된다는 것이다.

자살을 예방하기 위해서는 정신 기능을 강화해야 하며 그렇게 하기 위해서는, 10대에는 자아정체감과 20대에는 건강한 자존감(자기가치)을 확립시켜야 된다. 자존감의 상실은 정신 병리로 가는 길목이다. 따라서 사랑의 지지 체제를 확립하는 일이 중요하며 현실을 수용하고 자족하는 삶을 살아가는 것이 그 무엇보다 중요하다.

06

그것도 병이다

지나친 불안,
그것도 병이다

     미국의 펜실베이니아 주립대학교의 한 연구에 의하면 극도로 불안한 사람은 15%이고, 거의 불안하지 않는 사람은 30%이며, 나머지 55%의 사람들은 중간 정도의 불안을 경험하면서 산다고 한다.

     우리나라도 술, 담배 중독을 제외하고는 불안과 연관된 불안장애가 가장 흔한 정신장애로 알려지고 있다. 그래서 밤거리를 거닐면서 얼마만큼의 불안을 느끼는지를 나라별로 조사한 자료가 있는데, 한국이 66.3%, 폴란드 45.4%, 체코 43.6%, 미국 41.0%, 뉴질랜드 38.2%, 이탈리아 35.1%, 영국 33.0%, 호주31.1%, 벨기에 21.1%, 캐나다 20%, 핀란드 19%, 스웨덴 13.5%로 나타났다. 이런 통계를 볼 때 우리나라는 세계에서 불안지수가 제일 높은 불안공화국인 셈이다.

불안은 정신 병리로 가는 근본이기 때문에 불안지수는 그 나라의 정신 병리를 간접적으로 측정할 수 있는 유일한 도구가 된다. 그래서 지나친 불안이나 걱정이 6개월 이상 계속되거나 생활 전반에 걸쳐 만성적으로 지속될 때 내려지는 질병이 범불안장애이다. 과거에는 이를 불안신경증이라고 하였다. 그것은 이 병원, 저 병원 다 다녀 봐도 특별한 문제가 없다고 해서 단순한 '신경성'이라고 여겼었다.

범불안장애는 가족이나 일, 직장, 돈, 건강 등 인생 전반의 모든 것을 걱정하고 불안해하며, 무슨 생각을 해도 최악의 경우만 생각한다. 그래서 근육이 긴장되고 안절부절못하며 긴장성 두통이 생기기도 하고, 가슴이 답답하여 숨쉬기가 곤란하며 위나 장이 불편하고, 집중력도 없어지며 수면장애도 나타난다.

■ 불안장애는 우울증이나 약물 남용으로부터

이러한 불안장애는 우울증이나 약물 남용으로도 나타나며 공황장애나 광장공포증에서도 올 수 있다. 그러므로 걱정, 불안이 심하면 병이되기 때문에 적절한 진단과 치료 또는 상담이 요구된다.

걱정과 불안에 대처하기 위해서는 부정적인 생각을 긍정적으로 바꾸고 즐겁고 편안한 심상을 그려보는 것이 좋다. 또 불안할 때 산책이나 운동을 하고 퍼즐 게임을 한다든가 해서, 뭔가 몸을 움직이고 행동으로 옮길 때 불안을 감소시킬 수 있다.

지나친 거짓말,
그것도 병이다

　　얼마 전 정부가 황우석 박사의 인간체세포 배아
복제 연구를 승인하지 않기로 하였다. 대통령 자문 기구인 국가생명윤리
심의위원회에 의하면 위원 대부분이 그가 비윤리적, 비양심적 행위를 했
다는 이유에서이다. 한편, 그는 지난 2006년 배아줄기세포 연구논문 조작
등의 혐의로 기소된 상태이다.

　거짓말이 없어야 할 곳이 특히 과학 분야인데, 놀랍게도 과학적 속임수
는 어제나 오늘이나 여전하다.

　근대과학 분야의 위인인 물리학자 뉴턴, 유전학의 대부인 그레고리 멘

델도 그들이 진행한 실험 데이터를 분석한 결과, 역시 그들의 이론을 공표하기 위해 데이터를 날조한 것으로 밝혀졌다. 찰스 다윈은 자신보다 앞선 다른 과학자의 연구물에서 상당량의 자료를 빌려왔던 것으로 드러났으며, 그렇게 빌려온 것에 대한 권리를 원래 소유자에게 돌려주지 않았다고 한다.

이토록 모든 사람이 거짓말을 한다는 사실은 불변의 철학처럼 되었고, 그래서 거짓말과 자기기만은 우리 삶속에 깊이 만연되어 있는 실정이다.

미국의 한 여론 조사에 의하면 응답자의 90%가 자신이 거짓말을 한 적이 있다고 답하였다. 직장을 구할 때 3명 중 1명은 거짓말을 하고 있다고 한다.

정치인은 직업 가운데 진실을 말하기가 가장 어려운, 진실에 있어 악명 높은 사람들이라 하며, 의사들도 환자에게 87%가 거짓말을 한다는 보고가 있다. 또한 성격 및 사회심리 학회지에 수록된 논문의 47.2%가 모두 거짓이었다는 보고도 있다. 이처럼 우리 삶의 각 영역 속에 깊숙이 숨겨져 있는 거짓말은 어떤 것들이 있는지 살펴보자.

첫 번째, 나도 모르게 거짓말을 하는 작화증이 있다. 이는 자아비판 능력이 없어서 말을 가짜로 꾸미는 현상이다. 작화증은 신경학적 장애인데 비타민 B_1(티아민) 부족으로 생기는 증상이며, 기억과 눈의 동작을 담당하는 중뇌 구조에 장애가 있을 때 나타난다.

질문을 받으면 생각 없이 대답해서 그 반응이 터무니없을 때가 많지만, 정작 본인은 자신의 대답이 이상하다는 것을 자각하지 못한다. 기억에 결함이 있는 베르니케-코르사코프 증후군이나 알츠하이머 환자에게서 주로 나타나지만 정상적인 사람에게도 종종 나타난다.

작화중은 기억의 결함과 전두엽의 기능장애로 인해 자발적으로 일어난다. 전두엽은 과거의 경험과 최근의 환경적 단서를 통합하여 기억하게 되는데 여기에 이상이 있으면 충동적으로 말을 하거나 아무렇지도 않은 내용을 감정적으로 언급하게 되는 것이다.

▪ 거짓말은 인간의 기본적인 특성

두 번째, 병적인 거짓말이 있다. 거짓말을 심하게 하는 병인데 공상허언증이 여기에 속한다. 이는 병적 거짓말의 극적인 형태로서 진실과 허구를 뒤섞여 과대하게 부풀려 이야기하는 것이다.

기억과는 상관이 없다. 과거 일로 현재의 일상생활에 관한 거짓말을 하는 증상이다. 시간이 지나면 사건과 진술의 불일치로 탄로가 난다. 이는 신경상의 문제 때문에 생길 수도 있다.

세 번째, 인격에도 거짓이 있다. 이를 가리켜 인격장애라 부른다. 그 중에서도 거짓말과 밀접한 연관이 있는 반사회성, 연기성, 자기애성, 경계성 인격장애 등이 있다.

거짓말은 인간 세계의 기본적인 특성이다. 생존을 위해 늘 잠재되어 있다. 전두엽의 손상이나 뇌의 다양한 영역의 기능적 단절도 거짓말이나 자기기만을 일으킬 수 있다. 거짓말이 드러났을 때 모든 관계는 파괴된다. 그렇기 때문에 선의든 거짓이든 습관처럼 본인이 자각하지 못하는 거짓말은 교정되어야 하며, 이 세대에 거짓을 치유하기 위한 진실과 사랑, 용서가 필요할 때이다.

지나친 성 욕구,
그것도 병이다

　　우리나라는 해마다 실종 어린이들이 증가일로에 있는데, 2007년 성탄절 전날 안양에서 실종된 두 초등학생이 마침내 성추행을 당한 뒤 살해되어 우리사회를 경악케 한 일이 있었다. 이로 인해 정부도 뒤늦게나마 성폭력의 심각성을 깨닫고 2008년 9월부터 성폭력범죄자에 대해 24시간 위치 추적이 가능한 전자발찌 제도가 본격적으로 시행한다고 보도했다. 이런 성범죄가 발생하는 원인은 무엇인지 살펴보자.

　　첫째, 성적 욕구는 태어날 때부터 타고난다. 물론 태어날 때부터 타고나지만 성적 욕구의 발달은 어린 시절에 형성된다. 이 성적 욕구가 외부로 표면화되는 시기는 3~5세의 오이디푸스 기간으로, 이 기간을 제1차 성욕기라 부르며 이해 아이들은 성에 대한 흥미를 가진다. 3~5세까지는 성에 대한 1차적인 교육 시기이다. 그래서 아버지와 딸의 관계, 어머니와 아들 관계는 자연스럽게 형성된다.

다시 말하면, 이성 부모와 성적 친밀감을 느끼는 시기인 만큼 이 시기에 부모가 성적으로 공격하면 어린이는 상상의 두려움을 극복하려 한다.

둘째, 변태 성욕자들은 엄마와 아기의 잘못된 관계 형성에서 시작된다. 변태 성욕자들은 어린 시절 성기를 자랑하다가 엄마에게 야단맞은 것이 상처로 남아 있다가 사춘기 이후 여성들과의 성관계에서 여성에게 거부되거나 여성의 자아 속에 흡수되어 자신의 자아를 잃어버리게 될까봐 두려워하는 것에서부터 시작한다.

다시 말해서 변태 성욕의 근원은 엄마와 아기의 잘못된 관계 형성에서 찾을 수 있으며, 이것은 정신의 구조에 결함을 주어서 고통을 규제하거나 완화할 수 있는 능력이 없게 만드는 것이다. 결국 사랑의 욕구를 충족시켜 줄 대인관계 형성에 실패한 것이다.

셋째, 변태 성욕자는 성 욕구가 병적으로 발달된 사람이다. 그래서 변태 성욕자는 성적 욕구를 정상적인 관계에선 만족하지 못하고 비정상적인 관계로 만족을 얻으려고 한다. 한편, 동성과의 관계로 성적 즐거움을 얻으려는 사람이 있는 반면, 사람이 아닌 물건을 통해서, 상대를 놀라게 하거나 모욕하거나 학대를 해서 즐거움을 얻으려는 사람도 있다.

넷째, 대부분의 변태 성욕자들은 평소에 수줍은 성격으로 자아의식이 낮은 사람들이다. 그래서 변태적인 행동을 하는 동안에 연약한 자아가 강해지는 것을 착각한다. 평소에는 피해자의 신분으로 있다가 성적으로 변태 행위를 하는 순간에는 상대를 내 마음대로 지배하는 승리자가 되어 자긍심에 고취되는 것이다. 연쇄살인범의 70% 이상이 변태 성욕자들이다. 그들의 변태 성욕 심리는 에로틱으로 변한 것이며, 분노와 공격, 복수를 성행위로 표현하는 것이다.

■ 변태 성욕자들은 사이코패스

변태 성욕자들은 인격장애와 동시이환되는 경우가 많은데, 짐승 같은 행위를 하며 죄책감이나 양심의 가책을 느끼지 못하는 것으로 봐서 '반사회성 인격장애(또는 사이코패스)'라고 진단할 수 있다. 학자에 따라 변태 성욕자를 성 도착증(Sexual Perversion)이라고 부르기도 한다.

변태 성욕자를 분류하면, 동물애, 물품음란증, 소아기호증, 성적가학증, 성적피학증, 노출증 등이 여기에 속하며 그 종류는 다양하다. 그러므로 어린 시절 정신 구조에 결함을 생겨 변태 성욕의 틀이 마련될 수 있기 때문에 사랑에 대한 욕구를 충족시켜주는 일은 대단히 중요하다.

지나치게 움츠려 사는 것,
그것도 병이다

　　인간은 다른 사람과 어울려 살려는 무리 본능을 지니고 있어 소속 집단에서 소외되면 정신적・육체적으로 고통이 뒤따른다. 하지만 반대로 외톨이 생활이 오히려 편하다는 성격 유형이 있는데, 혼자 틀어박혀서 창작물을 만들어내는 예술가, 작가, 컴퓨터 프로그래머, 주식투자자들이 그런 유형에 속한다. 이들은 '활동형 외톨이'인 셈이다.

　　그러나 활동형 외톨이와는 달리 아무 일도 하지 않고 방안에만 틀어박혀 사회 참여나 인간관계 없이 6개월 이상 지내는 사람을 가리켜 일본에서는 '히키고모리'라고 부르는데, 우리나라에도 이런 사람들이 있다.

대부분 정상적인 사회생활을 거부하고 폐쇄된 공간에서 3개월 이상 고립되어 움츠린 채 살아가는 폐쇄증후군(외톨이 증후군)을 가진 사람들로, '은둔형 외톨이'라 부른다. 이처럼 지나치게 움츠려 살아도 병이 된다.

이러한 사회병리현상은 이미 1970년대 일본에서 입시경쟁에 지친 고등학생들이 등교를 거부하면서부터 사회 문제로 등장하게 되었다.

당시에는 극소수 문제 청소년들의 일탈 정도로 가볍게 여겨졌지만, 1990년대에 는 '히키코모리'가 전체 인구의 1%에 해당하는 120만 명에 달했다. 최근에는 160만 명으로 그 수가 계속 늘어 급격한 증가 추세는 심각한 사회 문제로 대두되고 있다.

■ 은둔형 외톨이가 늘고 있다

근래 우리나라에서도 외톨이 바이러스가 급속히 번져 현재 '은둔형 외톨이'는 10만 명 가까이 이른다는 보고가 있다.

우리나라 청년층 가운데 졸업 후에도 일하지 않거나 일할 의지가 없는 니트(NEET)족 비율이 OECD 국가 중 높은 수준이라는 사실은 매우 충격적이다.

15~29세 청년층 가운데 졸업 후 5년이 경과한 시점을 기준으로 니

트(NEET)족 비율이 36.8%로 나타났는데, 이 수치는 비교 대상 13개국 중 1위이다. 즉, 졸업 후 5년간 백수로 지내는 청년층의 비율이 OECD 국가 중 최고라는 하는데, 이 연구 결과는 외톨이 증후군의 사회병리현상이 앞으로 두드러지게 증가할 것이라는 점을 시사한다.

은둔형 외톨이의 임상적 증후를 살펴보면, 첫째, 가정생활에서 드러나는 증상으로, 자기 방에 틀어박혀 방문을 걸어 잠그고 누구도 자기 방에 들어오지 못하게 한다. 또한 가족들과 대화를 나누지 않으며 식사도 따로 하고, 걸핏하면 가족들에게 화를 내거나 폭력을 휘두른다.

둘째, 학교생활에서도 증상이 나타나는데, 점심시간이나 쉬는 시간에 늘 혼자이며 학교 가기를 거부하거나 자주 지각한다. 또한 학교생활을 늘 걱정하며 학교에서의 모든 활동을 꺼려한다.

셋째, 친구관계에서도 상대방과의 시선을 회피하는 경향이 짙다. 남들이 자신을 부정적으로 평가할까봐 걱정하며 익숙하지 않은 대인관계에 불편함을 느낀다. 이들은 친구들과 어울리기보다 혼자서 인터넷이나 게임에 몰두하며 지낸다.

은둔형 외톨이는 정신분열증, 우울증, 대인공포증이나 회피성 인격장애, 정신분열성 인격장애 등 전통적인 정신질환의 범주에 들지 않는 새로운 정신장애의 임상 형태라고 할 수 있다. 따라서 정신장애의 일반적인 진단 기준에 따른 올바른 감별 진단이 요구된다는 사실을 명심해야 한다.

은둔형 외톨이를 예방하고 치료하기 위해서는 부모와 자녀가 속마음을 털어놓고 대화하는 가정환경이 제일로 시급하다. 부모들은 항상 자녀를 있는 그대로 수용하고 인정해주는 태도가 필요하며, 자녀와 함께 가볍고 일상적인 대화를 하면서 사소한 일부터 스스로 책임지는 연습을 하도록 격려한다. 또한 소속 집단에서 친구를 사귀도록 적극 지지하며 자녀의 자율성과 자존감을 길러주는 것이 매우 중요하다.

지나친 질투,
그것도 병이다

사랑의 관계에서 위협이 느낄 때 나타나는 반응이 질투다. 질투는 친밀한 관계를 지속하려는 강력한 욕구로 인간의 원초적인 감정이다. 그러므로 사랑의 관계를 맺고 있는 사람은 상대방이 누군가와 또 다른 사랑의 관계가 있을지 모른다는 의심을 품게 된다. 그것이 망상의 정도로 굳어지면서 객관적 증명이나 설득으로 바꿀 수 없는 질투 망상만을 키우게 된다. 이때 내려지는 진단을 망상장애라고 부르는데, 질투가 심하면 이처럼 병이 되는 것이다.

▪▪ 질투의 세 가지 유형

질투에는 구분해야 할 세 가지 유형이 있는데, 그 첫째는 시기심이다. 이는 이미 다른 누군가가 갖고 있는 것을 얻고자 하는 욕망이다.

둘째는 경쟁심으로, 아직 어느 누구도 소유하지 않은 것을 얻기 위해 다른 사람과 겨루려는 의지다. 평소 지나친 경쟁의식을 느끼는 사람은 카인 콤플렉스를 가진 경우가 많다.

카인 콤플렉스란, 동생에 대한 시기와 질투가 넘쳐 마침내 동생을 돌로 쳐 죽인 성경 속 인물 카인을 인용한 말이다. 카인 콤플렉스의 전형적인 형태는 부모의 사랑을 두고 형제들 간에 경쟁하는 모습에서 나타나는데, 이를 가리켜 정신의학에서는 형제간 경쟁이라고도 부른다.

셋째는 질투심이다. 이는 다른 사람이 잘되거나 좋은 처지에 있는 것을 경계하고 미워하는 마음이다. 특히 질투심은 객관적 현실에 기반을 둔 감정이 아닌 그 현실을 해석하는 개인의 지각에 의해 결정된다는 것을 알아야 한다. 때문에 사랑의 관계에 있어서 질투심은 상대방과는 상관없이 주관적으로 지각된 위협으로 인해서 발생하는 것이다.

질투를 경험할 때 몇 가지 심리적 과정을 거치게 되는데, 우선 관계에 위협을 느끼는 과정이 일어나며, 다음으로 위협이 실제로 존재하는지 증거를 검토하게 된다. 그 이후에는 감정적인 반응이 따르게 되며, 그러한 상황에 대처하려는 단계를 거쳐 마지막으로 대처에 대한 성과를 검토한다.

질투는 결코 사랑의 일면이 아니다. 오히려 그것은 권력, 즉 지배욕의 또 다른 표현으로, 내가 소유하고 있는 것을 빼앗기지 않으려는 마음과 사랑을 소유하고자 하는 심리와 관계가 있다.

▪ 사랑하기 때문에 질투한다

궁극적으로 인간은 그 누구의 소유물도 아니다. 남편과 아내가 서로 각자의 개성, 실존의 가치와 자유를 인정해 주는 것이야말로 진정한 사랑의 모습일 것이다. '사랑하기 때문에 질투한다.' 는 것은 사랑하는 사람을 소유하고 구속하려는 이기적 욕구의 그럴듯한 포장에 불과하다.

질투망상은 망상 관념의 객관적인 근거가 빈약한 자기 주관적 상상으로 이루어져 있다. 그러한 상상은 그 마음속에 망상이 있어서 자기 생각을 상대에게 투사하는 것이다. 망상에 빠져 있는 사람은 그것을 잘못된 생각이라고 인정하지 않기 때문에 자연히 자기 생각을 바꿀 필요도 느끼지 못한다.

질투망상을 가진 망상장애의 발병 요인은 성장 과정, 성격상의 왜곡, 스트레스, 부부관계, 그리고 그 밖의 생물학적 원인들과 복합적으로 얽혀 있다. 또 지나친 생각이 망상으로 발전되는 데는 체질적, 뇌 생리적 요인도 개입하기 때문에 정신 치료만으로는 부족하고 약물 요법이 병행되어야 한다.

한편, 질투를 다스리기 위해서는 먼저 왜 그러한 일이 일어났는가를 인식하고, 관계적 박탈감과 인간적 가치를 연결시켜 생각하지 않는 것이 필

요하다. 또한 친밀한 관계에 대한 위협에 합리적인 사고로 반응하며, 마지
막으로 자신의 가치를 중요하게 여기는 자존감을 잃지 말아야 한다.

지나친 학습능력 저하,
그것도 병이다

책상에 앉아 공부는 하고 있는데, 자꾸 성적이 떨어지고 있다면 일단 학습장애를 의심하는 게 좋다. 학습장애는 정상 지능을 가지고 있으면서 또래에 비해 성적이 현저히 떨어지는 경우를 일컫는다.

학습장애가 있는 아동이나 청소년들의 특징은, 게임에는 몰두하거나 집중을 잘하면서 유난히 공부에는 집중이 안 된다. 왜냐하면 학습하는 뇌와 게임하는 뇌는 서로 다르기 때문이다.

학습장애의 원인이 명확히 밝혀진 바는 없지만, 뇌 구조와 뇌 기능의 이상에 의한 것으로 알려져 있다. 즉 좌뇌와 우뇌가 골고루 발달하지 못하고 어느 한쪽의 발달이 뒤떨어진 것이다. 상당수가 좌뇌(언어 중추)와 우뇌(이미지 뇌)의 발달에 격차가 심한 것으로 알려져 있다. 특히 읽기장애 또는 난독증이 생기는 경우는 좌측 측두엽의 기능이 비정상적인 경우이다. 그리고 학습장애의 30~60%가 ADHD를 동시에 겪고 있으며, ADHD를 갖고 있는 청소년의 20%는 학습장애를 가지고 있다.

어느 병원 학습 센터에서 200명을 대상으로 연구한 보고서에 의하면, 학습장애로 의뢰한 환자의 대부분이 우울증이었고 그 다음이 ADHD였으며, 세 번째가 학습장애였다고 한다. 이 결과는 학습장애가 우울증과 동시 이환될 가능성이 많다는 것을 보여준다.

⁝ ■ 정서 불안정은 학습능력을 저하시킨다

정서가 불안정하거나 스트레스를 많이 받으면 학습능력이 떨어진다. 이것은 지나치게 긴장하는 뇌에서 스트레스 호르몬인 코르티솔이 많이 나와 뇌 신경의 연결이 잠시 끊기는 현상 때문이다.

학습장애란, 뇌로 들어가는 정보와 뇌에서 나온 정보들로 마구 뒤엉켜 기억이 정상적으로 작동되지 않아 기능 이상이 생겼다는 말이다.

학습장애의 양상을 보면 크게 세 가지로 나타나는데, 수학(산술)장애, 읽기장애, 쓰기장애이다.

국어는 잘하는데 유난히 수학(산술)만 못하는 수학(산술)장애, 수학은 잘하는데 한글을 읽을 때 'ㄱ'과 'ㄴ'자를 거꾸로 읽거나 '발'을 '말'로 혼돈하여 읽는 읽기장애(난독증)가 있으며, 다른 공부는 잘하는데 맞춤법이 엉망인 쓰기장애가 있다.

학습장애를 극복하기 위해서는 전문가의 정확한 진단이 필요하다. 왜냐하면 우울증이나 ADHD와 동시이환될 가능성도 높기 때문이다.

따라서 학습장애가 있어도 끝까지 포기하지 말아야 극복할 수 있다. 자기만의 독특한 강점을 찾아내서 갈고 닦아야 한다. 세계적인 작가인 프루스트, 예이츠, 버지니아 울프도 난독증 환자였다. 이들은 난독증을 갖고 있으면서도 자기만의 강점을 개발하여 난독증을 극복하고 불후의 작가가되어 세계문학사에 이름을 날렸다.

특히 난독증(읽기와 언어장애)은 좌측 측두엽의 기능에 문제가 있을 때 생기는 것이므로, 측두엽의 활성화를 위해 샤워를 하면서 노래를 부르면 좋다. 그냥 노래를 부르는 것만으로도 측두엽의 치유 효과에 좋다.

지나치게 들떠 있고
말이 많아도 병이다

조울증은 문자 그대로 조증과 우울증이 함께 나타
나는 정신장애인데, 우울증 환자와는 달리 우울한 감정에 머물러 있는 것
이 아니라 극에서 극으로 움직이는 우울과 조증 상태를 함께 갖는 기분장
애이다. 따라서 조울증을 양극성 장애라 부른다.

조울증은 평생 걸릴 확률이 전체 인구의 1% 정도이며, 대체로 20세 미
만에서 조울증 환자의 60%가 첫 증상을 보이기 시작해 청소년기에 가장
많이 발병한다.

평소와는 다르게 과도한 행동을 많이 하는데, 기분이 흥분되어 있어 말

이 빠르고 감정 조절이 잘 안되며, 지나치게 자신감이 넘쳐흘러 과도하게 활동적이고 적극적이며 잠을 자지 않는다. 평소보다 훨씬 많은 일을 하며 집중력이 떨어지고, 자기 망상에 젖어 과시적이며, 돈을 함부로 지출하거나 폭음, 폭력적일 수도 있다. 이러한 조증 상태와 더불어 우울한 기분이 지속되고 매사가 재미없으며, 입맛도 없고 피곤하며 죄책감에 시달려 심한 경우에는 죽고 싶은 우울증도 나타난다. 이처럼 조증과 우울증의 증세가 교대로 일어나는 것이다.

조울증의 임상적인 특징을 보면, 조증이 단독적으로 나타나는 경우가 있고 조증과 우울증이 반복적으로 나타나는 경우(양극성 장애 1형)도 있다. 또, 한번 이상의 경조증과 한번 이상의 주요 우울증 상태가 번갈아 나타나는 경우(양극성 장애 2형)는 슬픔, 절망감과 무력감, 모든 것이 소용이 없다고 생각하는 주요 우울장애의 증상을 보이다가 동시에 수많은 생각들이 끊임없이 머리에서 떠오르는 조증 증상도 같이 나타난다. 이럴 때는 활력이 넘치다가 동시에 우울해 지기도 하는데,. 이는 혼합형 조울 상태에 있는 환자의 증상이며, 이 상태에 있는 환자는 마음의 고통으로 심하게 황폐해진다.

어떤 조울증은 급속순환형 조울 상태를 보이기도 한다. 이는 1년 사이에 4번 이상 전혀 다른 기분 상태로 바뀌는 조울 증상을 보이기도 하는데, 급속순환형 조울증은 돌발적이고 빈번한 감정 기복을 보인다.

:" 조울증, 자살 위험을 높인다

어느 날은 기분이 비행기를 타고 하늘을 나는 것처럼 좋았다가 그 다음 날에는 땅으로 곤두박질치는 상태를 반복한다. 전체 조울증 환자의 20% 가 급속순환성 조울증을 보인다. 그리고 경조증 증상이나 경우울증 증상 을 가진 기간이 최소한 2년 이상인 경우를 순환성 장애라고 한다.

또한 조울증은 예측할 수 없는 과도한 행동을 보인다. 부모 몰래 신용카 드를 훔쳐 비행기 티켓을 끊어 외국가수 콘서트를 간다든지, 아주 비싼 명품 가방을 산다든지, 비싼 옷을 사들이는 행동 등은 일반 청소년들에게 서는 보기 드문 과도하고 심한 변덕스러운 행동이다. 또 지나친 성욕이나 과대망상에 빠지기도 한다. 조증 상태로 며칠에서 몇 달 지속되는 경우에 는 동거를 하기도 하고, 비현실적인 과다한 자신감으로 자신의 능력을 확 신하기도 한다. 폭력적이거나 물건을 훔치는 경우도 있으며 자기가 최고 인기 스타인 것처럼 착각하는 과대망상도 있다.

조울증은 청소년의 경우 비행학생처럼 보이는 품행장애와 ADHD와의 감별 진단이 필수적이며, 정신분열증과의 구별도 대단히 중요하다.

조울증을 예방하기 위해서는 충분한 수면과 규칙적인 식사 그리고 아침에 일찍 일어나서 햇볕을 20~30분 쬐며 적당한 운동을 하는 것이 좋다.

또한 술은 기분을 과밀하게 하므로 피해야 하며, 직장이나 학교, 대인관계에서 극심한 스트레스 받지 않도록 주의해야 한다. 조울증에는 부정적인 사고를 피해 긍정적인 사고로 바꾸는 인지 치료가 크게 도움이 된다.

'리튬'은 조울증을 치료하는 약물 치료에서 가장 효과적인 방법이다. 약을 중단하면 거의 18개월 안에 90% 이상이 재발하므로 주의가 필요하다. 조울증은 알코올 중독과 약물 중독에 빠질 위험이 있으며, 조울증 환자의 15%가 자살할 위험이 있기 때문에 주변의 관심도 필요하다.

지나친 충동,
조절 못해도 병이다

　　최근 우리 사회에 충동을 억제하지 못하고 분노를
터뜨려 예기치 못한 충격적인 사고들이 연이어 발생하여 우리를 놀라게
하고 있다.

　아무리 참으려 해도 화가 치밀어 올라 별것도 아닌데 미쳐 버릴 것처럼
소리를 질러보고 물건을 집어 던지기도 한다. 어떤 이는 때리고 어떤 이는
사람을 죽이기까지 한다. 또 어떤 이는 불을 지르고(방화광), 어떤 이는 훔치
고(도벽광), 어떤 이는 도박하고(병적 도박), 어떤 이는 머리를 뽑는 발모광으
로 나타나기도 한다.

또 어떤 이는 전 남편과 현 남편 그리고 시어머니에게 제초제를 먹여 죽이고 자기의 딸까지 죽이려 한 반사회적 인격장애를 드러낸다. 이렇게 우리의 현실은 사회 병리의 막장 드라마를 보는 느낌이다.

올해 2월 27일 경기도 화성에서 총기난사 사건으로 4명이 숨졌다. 70대 남성이 형과의 재산 문제로 불화를 겪다가 엽총을 난사해 80대의 형 부부와 경찰관이 살해당한 사건이다.

이 사건이 벌어진지 불과 이틀 전에는 세종시 편의점에서 50대 남성 총기 사건이 벌어진 비극이 있었는데, 돈과 애정 문제의 갈등을 겪다가 옛 동거녀, 가족 3명을 살해하고 자신도 자살한 사건이었다.

▪ 분노를 조절하지 못하는 충동

이 두 사건의 공통점은 모두 피해자와의 갈등 때문에 생긴 분노를 참지 못해 생긴 사건으로 분노의 감정을 조절하지 못한 충동조절장애가 돌이킬 수 없는 죄를 부르고 범죄 행위를 일으킨 것이다.

스트레스 상황에 자주 노출된 상태로 오랜 시간이 지나면 분노나 충동 조절이 잘 안 되는 경우가 많은데, 통제력을 상실한 상태에서 공격성을 내부로 향해 자살하는 경우는 좌측 측두엽의 62%가 비정상이며, 타인을 공격하거나 재산상 손해를 주는 경우는 70%가 비정상으로 기능해서 발생한다.

그뿐 아니라 2월 26일 경남 통영시에서 50대 남성이 최근 헤어진 동거녀에게 다시 같이 살자는 제안을 매몰차게 거절당하자 순간적으로 화를 참지 못해 흉기로 범행을 저질렀다.

또 2월 13일에는 서울 강남구의 한 떡볶이 가게 주인이 어묵 국물이 짜다는 등 불평을 늘어놓는 손님을 흉기로 33번이나 찔러 살해하는 사건이 있었다. 평소 장사가 안 돼 스트레스가 쌓여있던 차에 순간 격해진 감정을 억누르지 못해서 벌어진 사건이었다.

1월 24일에는 어떤 선원이 홧김에 국제시장에 불을 지른 방화사건이 일어나기도 했고, 같은 날 서울 중계동에서는 주차를 잘못했다고 항의하는 행인을 차 주인이 야구방망이로 무차별 폭행하는 일도 있었다.

이런 일련의 모든 사건을 분노 범죄라고 할 수 있는데, 이는 개인적이거나 가정적인 불화 관계가 발달이 되는 경우가 있으며, 가정과 사회가 불화의 원인을 근본적으로 해결하지 못하고 평소 축적했던 스트레스와 울분이 한순간에 표출되어 극단적인 범죄 행위로 나타나는 것이다. 이러한 사건은 충동조절 관련 장애의 극단적인 현상을 보여준 정신병리 현상이다.

충동조절장애는 자기 자신이나 타인에게 피해를 주는 대상에게 충동을 억제하지 못하고 공격적인 행동을 반복적으로 일삼으며 자신의 욕구대로 문제가 해결되지 않거나 풀리지 않으면 감정을 조절하지 못하고 과도하게 공격적인 행동을 보인다. 그리고 그 행동을 실행한 후에는 흥분이 급속히 가라앉거나 안도감을 느낀다.

건강보험 심사평가원에 따르면 2014년 인격 및 행동장애로 진료 받은 환자 1만 3,028명 중 10~30대가 63.7%(3명 중 2명)를 차지하였다.

그 중에 20대가 28%(3,841명), 30대가 18.4%(2,519명), 10대가 17.3%(2,366명)이었다. 인격 및 행동장애는 '인격장애'와 '습관 및 충동장애' '성 주체성 장애' 등이 포함되어 있는데, 지나친 공격성이나 냉담, 의심 등을 보이는 인격장애가 진료 인원의 42.8%에 달하였고, 뚜렷한 이성적 동기 없이 반복적인 행동을 보이는 습관 및 충동장애는 42%로 나타났다.

특히 습관 및 충동장애는 병적 도박(도박 중독), 도벽, 방화 등의 문제로 나타나기도 하였는데 대부분이 남성이었다.

꞉• 사랑으로 치유한다

우리나라도 충동조절장애를 보이는 사람들이 날로 늘어나서, 사소한 일에 욱하여 소동을 벌이고 크게 분노하여 방화하거나 도박하는 사회병리현상이 증가하고 있는 실정이다.

상담 받으러 온 어떤 젊은 여성이 분노가 가득 차 있었다. 왜 그렇게 분노하느냐고 물었더니 어린 시절부터 어머니와 이모들이 자기를 천덕꾸러기 취급하고 언어적 상처를 주었다는 것이다. 그래서 조금만 신경을 건드려도 분노가 폭발해서 그 충동을 억제 못한다는 것이다. 이는 분노충동형인 간헐성 폭발장애이다.

또 어려서 어머니를 여의고 혼자 사는 어떤 청년이 찾아왔다. 자신은 강박적이어서 물건을 자주 훔친다는 것이다. 어려서부터 시작되어 훔치는 것이 일상화되었다고 한다. 훔칠 때의 기분을 물었더니 아주 흥분되고 고

조된 기분을 느낀다는 것이다. 그리고 하루에도 몇 시간씩 도벽에 대한 생각과 충동에 사로잡혀 회사 일을 거의 소홀히 할 때가 많다는 것이다. 한번 훔치기 시작하면 또 다른 도벽으로 이어진다고 한다. 이것은 일종의 강박충동형인 셈이다.

정신의학에서는 충동을 조절하지 못하는 것을 충동조절장애라고 말한다. 여기에는 여러 가지가 있다. 공격 충동성, 강박 충동성이 있는 반면에 분노 충동, 성적 충동도 있다.

충동을 조절하지 못해 자기 뜻대로 안되면 분노를 터뜨리거나 공격하여 사람이나 물건을 부수는 행위가 있는가 하면, 강박적으로 물건을 사는 충동도 있고, 성 충동을 일으켜 성 도착증을 일으키는 등 여러 가지 충동조절장애를 우리 사회에서 자주 보게 된다.

사랑이 부족해서 생긴 병리현상 중 하나로서 충동의 원천적인 치료는 사랑이다. 현대는 이기주의와 경쟁 중심의 사회가 되어서 약자들은 사랑이 고갈된 사회에서 지탱하기 힘들어지고 있다. 어려서부터 사랑으로 강인하고 성숙한 인격을 만들어 가야 성장해서도 건강하게 살아갈 수 있다. 고삐 풀린 우리사회, 오로지 사랑으로만 치유가 가능할 뿐이다.

어릴 적 받은 사랑,
평생간다

　　하버드 대학의 건강한 재학생 125명에게 '어릴 적
부모에게 받은 사랑' 관계를 조사했는데, 대학 졸업 후 35년이 지난 후에
놀라운 분석이 나왔다.

　　어머니와 아버지와의 관계가 모두 따뜻하지 못했다고 대답했던 사람들
은 100%가 질병에 걸렸으며, 어머니는 따뜻하지만 아버지가 차갑다고 대
답했던 사람은 75%, 그리고 아버지는 따뜻하지만 어머니는 냉정했다고
한 사람은 83%가 질병에 걸렸다.

　　또 하버드 대학 졸업생이 50대가 될 때까지 30여 년간 추적 조사한 결

과가 있는데, 가정이 불우했던 10명 중 7명은 이미 사망했거나 중병에 걸려있었던 반면, 좋은 가정환경에서 자란 13명 가운데 단지 1명만이 사망하였다. 이처럼 행복한 가정에서 사랑을 받으며 성장하면 병에도 잘 걸리지 않고 건강하게 살 수 있다.

미국 버클리 대학에서 쥐를 실험한 결과가 있다. 한 마리씩 먹이를 준 군(群)에서 자란 쥐는 600일을 살았고, 다섯 마리씩 집단으로 이루어 먹이를 준 군(群)에서 자란 쥐는 700일을 살았으며, 사람의 손으로 쓰다듬으면서 먹이를 준 군(群)에서 자란 쥐는 950일을 살고 두뇌도 가장 잘 발달하였다. 사랑을 가장 많이 받은 쥐가 오래 산다는 결론이다.

▪ 사랑은 절대적이다

특히 3세 미만에서 사랑은 절대적이라는 사실이 뇌 과학의 발달로 증명되었다. 이때 부모의 사랑이 결핍되면 뇌 회로 형성에 장애가 생겨 뇌에 전반적으로 이상이 뒤따를 수 있다.

아기의 뇌는 태어나자마자 주변 환경과 반응하면서 1,000억 개의 신경세포와 최소 1,000조의 연결 세포가 조합을 이루어 가지치기를 하면서 뇌 회로망을 만든다. 이 작업은 만 3세까지 급속도로 진행되고 10세까지는 서서히 지속된다. 아기의 뇌는 누구나 이 발달 단계를 뛰어넘을 수 없다.

따라서 아기의 뇌 발달에는 만 3세 이전 엄마의 사랑은 절대적이다. 미국 소아과학회(APP)에서는 2000년에 "만 3세 미만의 아기에게 TV, Video

등을 보게 해서는 안 된다."고 발표하였다. 왜냐하면 엄마의 사랑이 빠진 교육은 아이의 뇌 회로 형성에 방해를 주기 때문이다.

또한 만 3세 이전에는 주 양육자도 두 번 이상 바꾸어서는 안 된다. 이 때 반응성 애착장애인 정신장애가 나타나기 때문이다. 그래서 어느 시기 보다도 3세 무렵 엄마의 사랑은 절대적이며, 이는 평생을 건강하게 살게 하는 근본이다. 엄마의 사랑이 부족하면 뇌 회로 형성에 장애를 주어 결국 질병이 생기고 생명을 단축시키게 된다.

우리 속담에 '세 살 버릇이 여든까지 간다.'고 했는데 세 살 적 받은 사랑이 평생을 간다는 현대 과학의 증거이다.

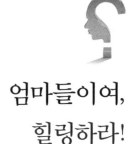

엄마들이여,
힐링하라!

엄마들은 아이에게 잘하려고 해도 아이들이 조금이라도 말을 안 들으면 본래의 마음과는 달리 짜증을 내고 화를 내며 소리지를 때가 있다. 이때마다 엄마들은 어떻게 행동해야 할지 몰라 당황스러워 한다.

사실 엄마들은 아이를 비난하지도, 아이에게 무조건 강요하지도 않는다. 도대체 무엇이 그들을 그렇게 만든 것일까?

한 마을에 식당을 운영하는 어머니와 딸이 살았다. 어머니는 장사를 하다 보니 바빠서 정작 자신의 딸을 잘 보살피지 못했다. 딸은 옷이나 머리,

가방 등 자신이 필요한 것을 어려서부터 스스로 해결하며 자랐다.

물론 제대로 챙기지 못해 선생님께 혼나서 서럽기도 했고, 다른 친구들이 항상 단정하고 잘 준비된 상태로 학교에 오면 부럽기도 했다. 딸은 그렇게 성장기를 보내며 학교를 졸업하고, 직장에 들어가고, 어느덧 좋은 짝을 만나 결혼까지 했다.

그러나 자신의 아이를 낳고 엄마가 되면서부터 문제가 하나씩 드러나기 시작했다. 아이가 하는 것마다 쫓아다니면서 간섭하고 일일이 지적하다가 그것을 아이가 잘 따라주지 않으면 주체할 수 없는 분노가 일어났다.

그래서 아이를 다그치거나 혼내다 보니 아이는 엄마에게 주눅이 들어 더 말이 없어지고 무기력해져 갔다. 한편, 남편은 퇴근해 집에 들어오면 집안 가득 아이를 혼내는 소리 때문에 질식할 것 같았다. 자연히 남편은 편한 장소와 상대를 찾아 점점 밖으로 돌기 시작했다.

▪ 내가 왜 이러지?

마음속으로는 '내가 왜 이러지? 이렇게 하고 싶지 않은데……'라고 생각하면서도 아이가 자신의 간섭이나 돌봄에 별다른 반응을 보이지 않거나 따라주지 않으면 자신도 모르는 사이 아이에게 욕을 하며 인격적인 모멸감을 주었다.

심지어 아이 물건을 던지거나 아이를 심하게 때리기까지 했다. 결국 상담을 받으면서 자신이 그토록 분노한 대상이 자신의 아이가 아니라 어렸을 적 자신에게 사랑과 돌봄을 주지 않았던 부모에 대한 분노였으며, 또 아이가 망가져가는 것을 보면서도 그렇게 밖에 할 수 없는 자신에 대한 분노였음을 깨닫게 됐다. 이후 자신이 겪었던 어릴 적 상처를 치유 받고, 아이와의 관계도 좋아지고 남편과의 관계도 회복될 수 있었다.

위 이야기 속 딸은 성장 과정에서 자신이 받지 못한 것들이 상처로 남아 정작 엄마가 돼서 자신의 아이에게 잘못된 사랑을 표현할 수밖에 없었다. 진정한 사랑은 대상이 필요로 할 때 도와주는 것이라는 걸 몰랐던 것이다. 어머니로 살아가는 이들은 이외에도 많은 상처를 안고 살아간다. 시댁과의 갈등, 남편과의 문제, 결혼 이후 육아와 가사로 인해 접은 자신의 꿈과 비전들, 이러한 것들로 말미암아 생긴 상처들은 고스란히 아이들에게로 흘러간다.

여자는 어머니로 다로 태어나는 순간 다른 사람이 되어 버린다. 자기 자신에 대한 관심을 쏟는 시간은 절대적으로 사라져버리고, 자신의 이름조차 잊어버리는 경우가 대부분이다. 동서양을 막론하고 예로부터 지금까지 대부분의 '어머니'라는 존재들이 그렇게 살아왔다. 때문에 세상 모든 어머니들에겐 치유가 필요하다.

자녀들에게는 온갖 물질과 시간과 정열을 소모하면서도 정작 자신의 건강, 특히 정신건강은 신경조차 쓰지 않는 어머니들이 많다. 자녀가 건강하고 행복하기를 바란다면 어머니들 자신부터 건강하고 행복해지려고 노력해야 한다.

내 아이,
바른 인성으로 키우려면

'세 살 버릇이 여든까지 간다.'는 말은 일본 속담 에도 비슷하게 '세 살 정신이 여든 살 간다.'는 말이 있다. 즉, 인성 발달의 초점이 갓 난 어린아이 때에 있다는 것으로, 이는 현대 발달심리학이나 뇌 과학에서도 증명된 바 있다.

전문가들은 태어나서 3세까지가 인성 발달의 가장 중요한 시기이며, 6 세까지는 거의 모든 인성이 발달된 것으로 보고 있다. 인성 발달은 인격은 물론이거니와 인지나 정서 그리고 사회성 발달의 총체적 표현이다. 정신 적으로나 심리적으로 건강한 자아를 만들어가는 것이 인성 발달의 초석인 것이다.

‫ 아이에게 ‘반응’을 보여라

그렇다면 무엇이 아이의 인성 발달에 영향을 미치는 것일까?

첫째, 아이에게 ‘반응’을 보여라. 대상관계이론의 창시자 멜라니 클레인은 "유아는 다른 사람의 반응을 받아들이고 동일시함으로써 자아를 만들어 간다."고 주장했다. 어머니가 질 좋은 반응을 보일수록 아이는 건강하게 성장한다.

아이들의 인성 발달에 가장 영향을 미치는 스트레스로 무관심, 방임, 학대 등이 있다. 특히 TV 및 비디오 시청은 뇌에 필요 없는 활동이기 때문에 영아기에는 피하도록 한다.

‫ 놀이를 통해 교감하라

둘째, 아이와 ‘놀이’를 통해 교감하라. 멜라니 클레인은 어린이는 놀이를 통해서 자신이 상상한 내면의 세계를 탐색하는 방법을 터득한다고 주장했으며, 이를 위한 놀이 치료를 창시하였다. 대부분의 아이들은 놀이를 통해 자신의 감정이나 상태, 그리고 자신이 경험한 것을 무의식적으로 드러낸다. 특히 유아기 아이들은 자신의 감정이나 생각을 말로 표현할 수 있을 정도로 언어가 발달하지 않기 때문에 노는 과정 속에서 자신의 마음을 자연스레 표현한다. 즉, 아이는 놀이 속에서 행해지는 어머니와의 상호작용을 통해 일생을 결정짓는 인성 발달이 이루어진다.

아이의 인성 발달을 위해 결코 비싼 놀이 교구가 필요한 것은 아니다. 어떤 물건을 가지고 놀더라도 그것이 위험한 물건이 아니라면, 아이는 어머니와의 놀이를 통해 교감하며 충분히 건강한 인성으로 성장한다.

사랑을 표현하라

셋째, 아이에게 '사랑'을 표현하라. 젖먹이 아이의 뇌는 엄마의 사랑이 담긴 말이나 피부 접촉 등을 통해서, 감정과 기억 등을 담당하는 뇌의 회로를 만들고, 더 나아가 세상을 이해하는 고차원 회로를 만든다. 엄마의 사랑이 부족하면 뇌 회로 형성에 장애를 주어 결국 질병 발생 확률이 높다. 그래서 그 어느 시기보다도 3세 무렵 엄마의 사랑은 아이의 인성 발달에 근본이 된다.

'오감'을 느끼게 하라

넷째, 아이에게 '오감'을 느끼게 하라. 우리 몸에는 여러 감각 기관이 있다. 시각과 관계하는 눈, 청각과 관계하는 귀, 후각과 관계하는 코, 미각과 관계하는 혀, 촉각과 관계하는 피부 등이 있는데, 이를 '오감'이라고 한다.

이러한 오감의 접촉 자극은 아이의 뇌 발달에 가장 중요한 원동력이 된다. 그 중에서도 촉각 경험은 육체적 자극을 통해 세상을 경험하며 의사소통 기능의 수단이 된다.

인간은 태어나면서 만지고 만져주기를 원하는 본능이 있다. 아이는 이미 자궁에서 촉각이 발달된다. 태어나서 안아줄 때에 반응하는 것도 모두 이 때문이다. 생후 몇 주간은 촉각과 깊게 관련되어 있으며, 포유 반사는 촉각의 가장 원초적인 초기 경험의 단계이다.

예컨대, 신생아는 엄마가 손을 만지면 엄마의 손가락 꼭 잡고 발을 간질이면 발가락을 모으는데, 신생아의 발달상 촉각은 오감 가운데 보고 듣는 것 이상으로 매우 중요한 감각이다.

아기가 엄마 뱃속에서 나올 때는 뇌 피질에 있는 신경세포(뉴런)의 수상돌기를 대부분 첫 번째나 두 번째 가지만 갖고 태어난다. 출생 직후 아기는 달라진 환경에 적응하기 위해 촉각을 사용하는데, 맛을 느끼고 소리를 듣고 눈으로 보고 몸을 움직여서 온갖 감각과 운동 경험을 쌓아간다.

이는 대뇌피질의 수상돌기가 다시 가지 뻗기를 시작하는 것이다. 이렇듯 촉각은 대뇌피질의 지능발달 뿐만 아니라 성인기 뇌 발달에 지대한 영향을 미친다.

갓 태어난 아기에게 촉각 자극은 뇌 발달의 시금석이 된다. 또, 6세 전후의 아이들에게 있어서 시각, 청각, 후각, 미각 등의 풍성한 감각 자극은 뇌 발달의 완성과 인격 발달에 중요한 역할을 한다.

▌▌ 좋은 것을 '모방'하게 하라

다섯째, 아이가 좋은 것을 '모방'하게 하라. 거울반사 시스템은 뇌의 전두엽과 측두엽을 나누는 틈 안쪽에 있는 뇌섬엽에 존재하는 것으로 타인의 감정을 이해하고 경험하며 내장운동반응을 통해 조절한다. 이 거울반사 조직은 무의식적이고 내적으로 행동과 감정을 모방함으로써 다른 사람의 느낌이나 행위를 암시적으로 파악하게 한다.

아이는 부모의 표정이나 자세, 말의 억양과 강세, 심지어는 말하는 방식이나 사용하는 단어까지 흉내 내며, 무의식적으로 닮아간다. 부모가 혀를 내밀면 아이도 혀를 내밀고, 부모가 웃을 때 아이도 같이 웃는다. 상대의 표정과 말투, 자세와 몸동작을 자연스럽게 흉내 내어 상대와 감정적으로 비슷해지는 현상을 '감정전이'라고 하는데, 신생아실의 갓난아이가 울면 다른 아이들이 함께 우는 것도 감정전이의 증거라 할 수 있다.

아이는 가장 뛰어난 자발적 모방자이다. 우리는 사실, 지나칠 정도로 타인을 모방한다. 침팬지도 서로 모방을 하지만 이는 목표나 보상이 있을 때에 한정된 것이다.

학령전기(4~6세)의 아이들은 모방의 천재이다. 모방하여 부모를 모델링하고 동일시한다. 그래서 부모들은 아이 앞에서 언행을 주의해야 한다. 그렇지 않으면 귀여운 아이들의 입이 험악해질 수 있다. 결국 부모의 행복한 말이나 행동 그리고 감정이 아이들의 인성을 발달시키는 데 중요한 역할을 한다.

내 아이를 위한
'놀이시터'

　　사회가 발달하면서 많은 분야에 전문가가 생겼다. 그중 하나가 바로 '놀이시터'이다. 놀이시터란 '놀이'와 '베이비시터(babysitter)'의 합성어로 아이와 놀아주는 일을 전문적으로 하는 사람, 즉 놀아주기 전문가를 말한다.

　　아이와 놀아주는 일이 어머니의 역할이 아닌 전문적인 교육을 받은 사람들에게 맡기는 시대가 온 것이다. 또 예전에는 '놀이'라고 하면 특별한 무언가가 따로 있는 것이 아니라 그저 눈에 보이는 것을 가지고 노는 것 그 전부였다.

그러나 지금은 자녀 교육에 관심이 많아지면서 정서 발달을 돕는 장난감, 지능 발달을 돕는 장난감 등등, 영역별, 연령별 장난감 종류도 다양해져, 집집마다 아이들에게 드는 장난감 투자비도 만만치 않다.

▪ 세 살 놀이, 여든까지 간다

어머니와의 상호작용을 통해 아이의 일생이 대부분 결정된다고 해도 과언이 아니다. 그러므로 어머니는 아이가 하는 놀이를 잘 이해하고, 놀이를 통해 아이를 잘 다룰 수 있는 좋은 상호작용 기술을 배워야 한다.

지금은 세 살, 네 살 어린 아이일지라도 머지않아 사춘기가 다가온다. 만약 부모가 나쁜 씨앗을 뿌려 놓으면, 사춘기에 아이는 나쁜 열매를 맺게 되고 이로 인해 가정 전체가 말할 수 없는 고통에 휘말릴 수 있다. 반면 부모가 좋은 씨앗을 뿌려 놓으면, 사춘기에 가족 모두에게 행복을 선물할 수 있다.

시각적으로 표현하자면 아파트의 야경을 상상해보라. 저녁이나 이른 밤에 아파트 집집마다 불이 환하게 켜져 있다. 활력이 느껴지고 뭔가 활동적인 느낌이 든다. 그런데 아주 늦은 밤 또는 새벽 즈음 아파트의 풍경은 어쩌다 한 집만 불이 켜져 있다. 전체적으로는 깜깜하다는 생각이 많이 들것이다.

아이들 뇌의 활성화는 이것과 같은 이치다. 부모와 상호작용이 잘 된 아이는 뇌 세포가 잘 연결되면서 여기저기 불이 켜진 채 왕성하게 활동한다. 하지만 부모와 상호작용이 잘 이루어지지 않은 아이는 뇌 세포의 활성화는커녕 오히려 문제만 일으키게 된다.

어떤 심리학자들은 60개월까지를 결정적 시기라고 하는 데, 이때 아이들의 많은 부분이 만들어진다고 한다. 많으면 80%가 만들어지기도 하는데, 이런 점을 볼 때 그 시기가 얼마나 중요한지 알 수 있다.

▪▪ 진정한 '놀이시터'로 거듭나기

그렇다면 아이와 놀아주기, 어떻게 해야 잘하는 것일까? 대부분의 엄마들은 비싼 장난감을 형식에 맞춰 사용해야지 제대로 하는 것이라고 생각하지만, 실제로는 그렇지 않다. 엄마들의 가장 큰 실수는, 평상시 일상적인 놀이 상황이나 대화하는 과정에서 하나부터 열까지 직접 다 해주는 것이다. 이는 아이들의 지능이나 인지적 능력이 특별한 상황에서만 만들어진다고 생각하기 때문이다.

아이와 놀아준다는 것은 무엇을 만들며 노느냐, 또는 무엇을 가지고 노느냐의 문제라기보다 아이에게 어떻게 자극을 주고 어떤 반응을 해주느냐의 문제이다. 즉, 비싼 놀이 교구가 아니라 냄비 뚜껑을 가지고 놀더라도 아이 옆에서 상호작용만 잘 해준다면 그것이 바로 아이의 뇌 활동을 활성화시키는 놀이인 것이다.

또한 놀이의 주체가 아이라는 것을 잊지 말아야 한다. 놀이는 항상 아이 중심적이어야 하고, 자발적이며, 아이와 어떻게 상호작용할 것인지가 더욱 중요한 일이다. 따라서 함께 놀아주는 사람이 전문가가 되어야 한다.

예컨대 엄마가 양육하면 엄마가, 할머니가 양육하면 할머니가 놀이전문가가 되어야 한다. 물론 장난감이 있으면 좋지만 아이의 행동에 대해 엄마가 어떻게 반응해 주고 상호작용 하느냐가 더 중요하고 더 본질적인 과제이다.

건강한 성장,
애착관계에서 시작된다

어릴 때 형성된 부모-자녀 간의 애착관계는 성인이 되어서도 정신건강에 크게 영향을 미친다. 대부분의 아이들은 부모가 옆에 있을 때 안정된 애착관계를 유지한다.

반면, 부모와 분리될 때 아이들은 외상을 경험하게 되고, 이때 정신건강의 문제를 야기한다. 예컨대, 엄마가 가까이 있을 때 아이는 안전하다는 확신을 갖게 되며 그것이 지속됨으로써 애착 감정과 애착 행동은 발전한다.

그러나 엄마와 떨어진 아이는 고통스러운 울음소리를 터트리고 엄마가 그 울음소리를 듣고서 가까이 다가가면 비로소 울음을 그친다.

이처럼 애착 행동과 정서적 유대는 엄마의 양육 행동과 결합해 발달하여 아이의 마음과 두뇌 발달에 지대한 영향을 미친다.

특히, 애착행동은 아이를 지지해 주는 안전한 감정과 안전 기반을 제공해 준다. 뿐만 아니라 또래와의 유대관계에서도 잘 적응해 나가며 상대적 상실감이나 심리적 고통도 줄이고 자존감을 상승시켜 준다.

간혹 어떤 아이들은 애완동물이나 인형 등 다른 애착 대상과 강한 유대관계를 형성하기도 한다. 다른 대상을 통해 애착을 형성하고, 그 안전한 애착관계로부터 편안함을 느끼는 것이다.

어느 날, 동물병원에 할머니 한 분이 애완용 강아지를 데리고 오셔서 이 강아지가 죽으면 우리 딸이 죽으니 꼭 살려달라고 애원하셨다. 알고 보니 할머니의 딸은 소아마비를 앓았고, 그 강아지와의 애착관계 덕분에 지금까지 삶을 지탱할 수 있었다고 한다.

또 초등학교 6학년에 다니던 한 아이는 부모가 모두 출근해서 매일 늦게 들어오자, 가출을 해 버렸다. 다음날 집에 돌아와 아버지의 꾸지람을 듣던 아이는 울면서 강아지를 사달라고 했다. 학교 갔다가 집에 오면 아무도 없으니 너무 심심하다는 것이다. 그래서 강아지를 사 주었더니 그때부터 강아지와 함께 잠도 자면서 외로움을 달랬다고 한다.

또한 어떤 아이들은 장소 애착에서 안정감을 느끼는 경우도 있다. 예를 들면, 아늑한 방이나 숲속의 안전한 곳과 같은 장소에 애착을 갖는 것이다.

이러한 애착관계는 아이들에게 편안함과 안정을 제공해주는데, 바로 안정 애착이다. 이는 우리가 고통을 받거나 부상을 당하거나 위험에 처하거나 통증을 경험하고 있을 때, 안전한 피난처를 찾는 것과 같다. 안전한 피난처는 세상을 탐색하고 자율성을 발달시킬 수 있는 안정 기반을 제공해 준다.

:▪ 엄마와의 애착관계는 안정된 피난처

이러한 애착 대상이 상실될 경우 크게 상처를 받을 수 있다. 특히 안정감에 손상을 입히는 애착 외상은 탐색과 주도성 및 자율성을 훼손시키게 된다. 그래서 어렸을 적 외상을 입은 아이들은 자신감이 부족해져 세상을 탐색하고 배우는 데 어려움을 느낀다. 건강한 발달로 이어지는 풍부한 환경, 사회적 환경을 충분히 활용할 수 없는 것이다.

이때 엄마와의 애착관계는 아이의 안정된 피난처이자 정신건강의 원동력이 된다. 양육의 질에 나쁜 영향을 미치는 가족의 스트레스는 안정 애착을 붕괴시킬 수 있다. 안정된 애착관계야 말로 외상을 회복시키는 힘이 된다.

결국 안전 기반은 독립을 가능하게 하는 출발점이다. 안정 애착은 자신감을 넘치게 하고 흥겨운 탐색을 촉진시킬 뿐만 아니라 나쁜 일이 생겼을 때 문제 해결책을 탐색하도록 도와준다.

또한 생리적 각성을 조절하는 우리 뇌의 능력을 키워준다. 그리고 애착은 신체적 보호뿐만 아니라 정서적 안정감도 제공해 준다. 외상은 이 두 가지를 모두 손상시키지만 치유적인 애착관계는 이 두 가지 모두를 회복시킨다.

따라서 태어나서부터 엄마의 풍부한 감각적 자극은 절대 필요하다. 초기의 애착은 아이의 생리적 내분비적 신경계 기능에 영향을 미칠 뿐만 아니라 아이가 건강하게 성장하는 데 중심적인 역할을 한다.

마음의 병을 부르는
애착 외상

애착은 외상으로부터 회복하는 데 중요한 역할을 한다. 특히 우리 몸의 각성 상태를 최적으로 유지시켜주며 균형을 잡게 해준다. 필요한 자극을 제공함으로써 지루함과 우울감을 경감시킨다. 이는 엄마와 떨어져있던 아이가 재회를 통해 감정을 진정시키고 생리적 평정 상태를 회복하는 것과 같다.

애착의 안정 기반은 외부 세계에 대한 탐색을 촉진시킬 뿐 아니라 내적 세계의 탐색도 촉진시킨다. 자신과 다른 사람의 마음까지 탐색케 하는 힘을 가져다주기 때문에 아동기의 안정 애착은 또래와의 건강한 관계를 촉진시키는 데 도움이 된다.

흔히 스트레스를 받거나 외상을 당하면 도피와 투쟁 반응을 한다. 이는 교감신경계를 활성화시켜 생리적 각성을 하기 때문이다. 결국 이러한 반응은 모든 중요한 신체적 기관에 영향을 준다. 외상은 안정 기반과 기본적 신뢰뿐만 아니라 생물학적 조정 기능도 붕괴시킨다. 과도한 불안도 여기에서 생겨나게 된다.

아이의 외상 경험은 과각성(공포, 공황, 고통 등)을 일으켜, 이 상태가 지속되면 상처를 입고 각성이 된 채 버려지거나 방임된다. 특히, 어린 시절에 외상을 많이 경험하게 되면 이후에도 외상 경험에 노출될 위험이 높다.

무엇보다 애착 외상은 그 자체로 극심한 고통을 일으키는 것도 문제지만, 어떤 일이 발생되었을 때 이를 진정하거나 조절할 수 있는 능력을 상실하게 된다.

볼비(Bowlby)와 공동 연구자였던 메리 아인스워스(Mary Ainsworth)는 유아의 애착 유형을 연구한 결과 적절하지 않은 양육이 어떻게 불안정한 애착을 만드는지 알게 됐다.

먼저 스트레스가 많고 문제가 많은 엄마로부터 양육된 유아에게 '회피 애착' 과 '저항 애착'을 발견했다. '회피 애착'이란 거부를 예상하고 고통스러울 때 애착 인물과 접촉을 회피하는 것이다. '저항 애착'은 고통스러울 때 위안을 추구하지 못하고 좌절하는 유형을 말한다.

또한 방임이나 학대를 받은 아이에게선 '혼돈 애착'이 발견됐다. 이는 애착 인물과 관계를 맺는 안정된 기반이 없어 해결책 없는 공포를 느끼는 경우를 말한다. 혼돈 애착은 주로 아이에게 무섭고 불안한 감정을 제공해 놀라게 하거나 곤경에 빠뜨렸을 때 나타나는데, 신체적 학대, 성적 학대 혹은 극도의 방임과 같은 심각한 형태의 학대와 결합해서 발견된다.

이런 유형의 아이들은 낯선 상황에서 뚜렷한 목표가 없고 매우 이율배반적이며 엄마에게 회피 행동이나 저항 행동을 번갈아 반복하는 것이 특징이다. 이처럼 애착 외상은 안정된 애착관계를 파괴시킴으로써 우리의 능력을 제한할 뿐 아니라 정신건강에도 많은 문제를 야기한다.

▓▪ 네가 죽었으면 좋겠어!

주요 애착 외상의 형태로는 아동 학대, 신체적 학대, 성적 학대, 정서적 학대 및 언어적 학대, 그리고 방임과 가정폭력 등 여러 가지가 있다.

그 중에서 신체적 학대는 3세 이하의 아동에게 가장 위험하다. 특히 아동기에서부터 성인기에 이르기까지 신체적 학대로 인한 다양한 정신과적, 행동적 문제가 나타나게 된다. 성적 학대 역시 정신건강의 중요한 문제 중의 하나이다.

성적 학대가 심할수록 심리적 외상도 매우 크며 애착 외상을 수반하게 되는 것도 기정사실이다. 다양한 심리 증상과 정신과 장애, 즉 외상 후 스트레스 장애, 우울증, 행동 장애, 성 장애로 나타나는 외상을 수반한다.

정서적 혹은 언어적 학대도 정신건강에 크게 작용한다. "네가 태어나지 않는 편이 훨씬 좋았을 거야!" 혹은 "네가 죽었으면 좋겠어!"라는 식의 언어 학대는 크게 영향을 미친다.

이밖에도 아이들에게 수치감을 주거나 깎아내리는 행동, 아이들의 기본적 욕구인 잠이나 음식물을 주지 않은 행위, 귀중한 물건(애완동물)이나 대상을 빼앗는 행위, 무력을 써서 억지로 극도의 공포감을 주는 행위, 부정한 일을 시키는 행위, 아이들에게 상습적으로 욕을 하는 행위 등의 심리적 학대는 심각한 형태의 외상으로 이어진다. 또 정서적 방임이나 거절, 박탈감도 애착 외상을 초래한다.

이러한 대인 관계적 외상은 폭력적 분노, 탐욕, 욕망과 같은 격한 감정으로 분출되며 결국 수치심, 낮은 자존감, 우울감, 자살 행동, 불안, 해리 등 여러 가지 정신적 문제와 증상에 시달리게 할 위험이 크다.

모든 종류의 학대 즉, 성적 학대, 적대감, 심리적 학대 및 정서적 반응은 성인기 외상적 애착의 특징이며, 모든 종류의 애착 외상은 정신건강 문제와 결부되어 외상 후 스트레스 장애를 일으킬 가능성이 높다.

자주 안아주고, 눈을 맞추고,
반응하라

영아기는 출생 후 만 1년까지의 시기를 말한다. 영아기는 엄마의 보살핌과 적절한 자극을 필요로 하는 절대 의존의 시기이다. 영아는 감각기관을 통해서 외부 환경과 접촉한다. 이때 감각 기능은 오감을 말하며 엄마의 젖가슴은 외부 환경이다.

갓 태어난 영아는 생존을 위해 빠는(Sucking) 행동이 가장 두드러지게 나타난다. 따라서 입과 입술이 초기 감각기관의 핵심이 된다. 출생 후 가장 민감한 부분이 입술과 입의 혀이고 제일 먼저 발달하는 부분도 이 부분이다. 그래서 프로이드는 이 시기를 구강기 또는 구순기라고 했다.

영아에게 엄마가 중요한 것은 단순히 젖을 제공해 주기 때문이 아니라 엄마 품에 안기고 등에 업히고 매달리는 피부 접촉 때문이기도 하다. 즉, 신체 접촉 기능이 젖을 주는 기능보다 더 중요하다는 말이다.

신생아는 출생 직후에 시각, 청각, 촉각, 미각을 느끼고 구분할 수 있다는 사실이 밝혀졌다. 신체 접촉은 피부 접촉뿐만 아니라 눈길 주기나 눈맞추기도 포함된다. 또 만져주고, 볼을 비비고, 쳐다보고 반응하는 엄마와 아기 사이의 모든 행동이 포함된다.

사랑은 단순히 말로 전달되는 것이 아니라, 이러한 신체적 접촉을 통해 엄마의 사랑을 충분히 느끼는 것이다.

생후 2~3개월이 되면 양육자에게 긍정적인 반응을 보이기 시작한다. 이때 나타나는 미소 반응을 '사회성 미소(Social smile)'라고 한다. 2살 된 영아가 엄마나 양육자에게 웃음을 지으며 타인에게 보이는 최초의 사회성 반응이라 할 수 있다.

사회성 미소가 시작되면서 생후 3~4개월이 되면 자기를 돌봐주는 양육자, 즉 엄마에게 애착(Attachment)이 형성되기 시작한다.

애착은 크게 두 가지 행동에 의해 나타나는데, 엄마가 아기를 밀접하게 접촉하는 신체적 접근 행동과 아기가 엄마의 반응을 끄집어내는 행동을 통해 형성된다.

가장 유명한 애착이론가인 존 볼비(John Bowlby)는 1958년에 애착이론에 관한 논문에서 유아와 엄마는 본능적으로 애착의 결속을 형성하기 위해 서로의 행동을 끄집어낸다고 말하였다.

특히 신생아는 엄마의 모성 본능을 끄집어내는 능력을 타고 태어났다. 울고, 매달리고, 미소 짓고, 옹알거리고, 기고, 서고, 걷고 따라다니는 행동들이 바로 그것이다.

또한 생후 7~8개월이 되면 분리 불안이 나타난다. 엄마와 타인을 구분할 수 있는 능력이 생기는 시기이다. 그래서 엄마와 떨어지지 않으려고 울고 보채는 행동을 한다. 일반적으로 오감 중 시각이 제일 늦게 발달되는데, 엄마와 타인을 구분하게 되면서 낯선 사람에게 불안을 느끼게 된다.

▐▘ 엄마와 낯선 사람을 구분한다

아이가 낯선 사람을 보면 불안한 반응을 보이는 것은 엄마의 부재에 대한 반응이 아니라 낯선 사람의 존재에 대한 반응이다. 엄마와 낯선 사람을 구분할 수 있다는 것은 아이의 마음속에 엄마의 이미지가 새겨져 있다는 것을 의미한다.

이처럼 엄마의 이미지는 아이의 마음속에 최초로 생기는 이미지이다. 이때 엄마의 이미지에서 자아가 분화되어 나온다. 따라서 엄마로부터 분리되면 울거나 분노하는 것은 정상이다.

이미지가 좋냐, 나쁘냐에 따라 좋은 자아가 분화되어 나오는지 나쁜 자아가 분화되어 나오는지를 결정한다. 그러므로 모자 사이의 좋은 이미지를 심어 주는 원활한 관계 형성이 애착 행동을 증가시키는 데 필수적이다.

생후 8~12개월은 회상 기억이 크게 발달하는 시기이다. 예컨대, 아이에게 옷 속에 어떤 물건을 숨기는 모습을 보여주면 얼마의 시간이 지난 후 숨긴 물건을 찾겠다고 뒤질 것이다.

왜냐하면 물건을 거기에 숨겼음을 기억하고 있기 때문이다. 회상 기억은 현재 없는 사건이나 대상을 기억하는 것이다. 이를 바탕으로 대상을 습득한다.

생후 12개월이 되면 인지 기억도 크게 발달한다. 얼마 전에 보았던 특정한 대상을 인지할 수 있다. 생후 한 달쯤이면 24시간 전에 본 대상을 기억하고, 첫 돌쯤이면 며칠 전에 본 대상을 인지할 수 있다

영아들은 본능적으로 항상 즉각적인 욕구 충족을 추구한다. 다만 이 시기에 지나치게 욕구를 충복시키면서 양육하면 성인기에 이기적이며 자제력이 부족한 사람이 된다. 반면 지나치게 거절과 좌절을 느끼면서 성장하면 불안과 우울감에 쌓이게 돼 정서적인 문제를 야기할 수 있다.

영아는 자신의 불안과 만족을 울음과 웃음을 통하여 엄마에게 전달한다. 이에 대해 엄마가 적절한 반응을 보이면 소위 공생관계를 형성하고 애착관계를 만든다.

결국 애착형성은 아기가 생존하는 데 필수 불가결한 조건인 동시에 평생 지속되는 매우 중요한 과정이다. 따라서 영아기에 피부로 느끼는 사랑과 적절한 음식이 제공된다면 애착형성을 통해 신뢰감과 안정감이 형성된다.

인지의 뇌,
기어 변속기의 전대상회

원효대사가 당나라로 공부하러 가던 중이었다. 한 밤중에 무덤 사이에서 잠을 자다가 목이 말라서 물을 마시게 되었다. 그런데 아침에 일어나서 자신이 마신 물이 해골바가지에 고인 썩은 물이라는 사실을 알게 되었다. 그때 갑자기 속이 역겨워지기 시작하였다. 그러면서 순간 그는 '세상의 모든 일은 마음먹기에 달려 있다.'는 사고를 깨달았다.

이것은 우리의 감정과 행동과 신체 반응이 모두 우리의 생각에 달려 있다는 것으로, 즉 긍정적으로 생각하면 좋아지고 부정적으로 생각하면 나빠진다는 것이다.

정신의학에서 플라시보(Placebo) 효과라는 말이 사용되는데, 이는 치료에 상관없는 약을 사용했는데도 환자가 자신에게 도움이 될 것이라고 믿고 복용함으로써 실제로 병이 호전되는 경우를 말한다.

특히 심리적 문제를 가진 두통, 불안, 불면증 등의 환자에게 많이 사용되어 효과를 보고 있다. 플라시보 효과는 마음과 몸에 상호작용하여 문제가 치료되는 것이다. 그리고 플라시보와 반대되는 개념으로 사용되는 단어가 노시보(Nocebo)이다.

플라시보가 좋아질 것이라는 믿음으로 치료적 효과를 보는데 반하여 노시보는 나빠질 것이라는 믿음 때문에 치료되지 않는 것을 말한다.

어떤 개척교회 목사님이 어느 날 옆집에서 제사 음식을 갖다 주어 먹게 되었다. 목사님은 감사함으로 맛있게 먹어서 아무 이상이 없었는데, 같이 계시던 다른 목사님은 제사 음식을 잘못 먹었다고 생각하여, 저녁에 배탈이 나서 밤새 고생하였다고 한다. 결국 결과는 생각에 따라 달라진다는 것이다.

﹕﹒ 생명에 영향을 주는 세 가지 직업

사람의 생명에 가장 큰 영향을 주는 세 가지 직업은 의사, 목사, 점쟁이라고 한다. 의사는 의료인의 입장에서, 목사는 신앙인의 입장에서, 점쟁이는 점을 보는 입장에서 사람들은 이 세 직업 앞에 꼼짝을 못한다.

건강한 할머니에게 의사가 "이 달은 넘기기 힘듭니다."라고 말하면 그

할머니는 한 달 내에 돌아가실 가능성이 높다. 목사님이 "○○은 하시면 안 됩니다."라고 말하면 정말 안하려고 노력하게 된다. 왜냐하면 하나님의 뜻을 어기는 것이 되기 때문이다. 또 점쟁이가 "손자가 큰 병에 걸리게 생겼으니 30만 원짜리 부적을 사!"라고 하면 그 부적을 안 살 수가 없게 된다.

이처럼 우리 뇌는 기어 변속기처럼 작동하는 곳이 전대상회이다. 전대상회는 인지적 융통성을 담당한다. 신경전달물질인 세로토닌이 부족하면 전대상회가 과잉 활성화되는데 이때 자동적으로 부정적인 생각이나 행동을 하게 된다. 과도한 전대상회의 활동과 연관된 문제들은 여러 가지 정신장애를 일으킨다.

또한 기억과 감정 상태를 조절해주는 심층변연계가 있는데, 이곳이 과잉 활성화되면 역시 부정적인 생각에 중점을 두어 사건을 생각한다. 결국 부정적인 사고는 여러 가지 정신장애를 일으키기도 한다.

▪ 생각하는 대로 이뤄진다

우리의 느낌과 행동을 결정하는 것은 외부에서 일어나는 사건이 아니라 그 사건에 대한 자신의 생각이 행동을 결정한다는 사실이다. 뇌는 긍정적으로 생각할 때는 삶의 힘을 부여해주고 부정적으로 생각할 때는 분노와 불안과 우울 속에 빠뜨린다.

뇌의 심층변연계가 충분하거나 과잉 활성화되면 부정적인 생각이 우세

하며 우울증이 나타나 사건을 부정적인 방식으로 해석한다. 그러면 자신이나 타인의 세계를 바라보는 시각이 비판적이 된다.

모든 것은 생각하는 대로 이뤄진다. 긍정적으로 생각하면 긍정적인 일이 되지만 부정적인 생각하면 부정적인 일이 된다는 말이다.

기억의 뇌,
과거와 현재, 미래를 연결한다

기억은 어디에 있으며, 어느 곳에 저장되고 어디에서 망각하는 것인지를 아는 것은 결국 과거와 현재 그리고 미래를 연결하는 일이다.

그러나 반대로 기억을 망각하는 일은 과거와 현재를 넘어, 다가올 미래까지 송두리째 잃어버리는 결과가 되기도 한다. 그래서 그 기억은 나를 존재감 있는 자아를 만드는 데 대단히 중요한 기능을 한다.

░▪ 해마는 단기 기억의 중추

단기 기억은 감각 기억과 마찬가지로 정보를 아주 짧은 시간, 평균 20~30초 길게는 90초 정도 밖에 유지하지 못한다. 단기 기억은 순간적으로 기억되고 몇 초 만에 지워져 버린다. 연속적으로 들어온 정보가 새로운 기억으로 교체된다. 해마(hippocampus)에서는 외부로부터 받은 정보가 중요한 것인지, 아니면 불필요한 것인지를 구분하여 저장할지 여부를 결정한다. 여기서는 외부에서 받은 정보를 1개월에서 몇 개월 정도로 단기 저장하는 역할을 한다. 이처럼 해마는 모든 기억을 일시적으로 저장할 뿐 그 다음 기억은 측두엽을 포함한 대뇌피질로 옮겨간다.

░▪ 해마는 기억의 최종 저장소가 아니다

우리의 모든 정보는 1차적으로 해마에 의해 기억 작업이 시작된다. 해마의 신경세포가 작동되면 기억이 시작된다. 그러나 해마는 기억의 최종 저장장소는 결코 아니다. 기억은 오감을 통해 받은 외부의 정보를 해마에서 받아 전기 신호를 통해 대뇌피질에 저장된다. 즉, 해마는 단기 기억의 저장고이다.

우뇌와 좌뇌 사이의 안쪽에 변연계가 위치하고 있다. 이곳이 바로 기억과 감정을 다스리는 뇌이다. 변연계는 시상과 대뇌반구를 연결해 주는 중간 역할을 하는데, 변연계의 가장 중요한 중추가 바로 해마이다.

기억은 해마에서 만들어지며 가까운 신경 섬유를 타고 대뇌피질로 간다. 쉴 새 없이 정보가 쏟아지는 가운데 인간은 감각기관을 통해 외부의 자극을 받아들인다.

해마는 기억을 만들고 분류한다

해마에서 기억을 분류하여 장기 기억으로 보낼 것인가를 결정한다. 해마는 좋아하고 싫어하는 감정이 개입되면 기억을 한다. 이것은 해마가 편도체의 감정을 참조하면서 정보를 취사선택하기 때문이다.

평소 기억은, 즐겁고 슬픈 감정의 자극을 받으면 해마의 기억 능력이 향상된다. 해마는 정보의 필요와 불필요를 판단해서 다른 부위에다 기억을 저장한다. 그래서 해마를 기억의 제조공장이라고 부른다.

해마의 신경세포는 새로 만들어진다

뇌의 신경세포는 갓난아기 때 그 수가 가장 많고, 성장해가면서 그 수는 감소하는데 1초에 1개 정도 줄어든다. 반면에 해마에서는 끊임없이 신경세포가 만들어진다.

70세가 되는 노년기에도 해마에서 신경세포가 만들어진다. 물론 세포가 죽어가는 속도가 훨씬 빠르긴 하지만 새로운 신경세포가 만들어져 교체된다. 해마의 신경세포가 죽는 속도보다 새로 만들어지는 속도가 더 빠르면 해마는 커지기 마련이다. 그러나 죽는 속도가 더 빠르면 오므라든다. 뇌는 쓰지 않으면 죽는다는 원리처럼 해마를 쓰지 않으면 줄어든다.

해마의 신경세포가 많으면 많을수록 대량의 정보를 동시에 처리할 수 있다. 해마는 기억을 저장하고 축적하는 장소가 아니지만, 해마가 커지면 기억력이 향상될 수 있기 때문에 동시에 많은 판단도 가능해진다.

▪ 해마가 발달하면 기억력이 상승된다

신경세포의 수는 사람에 따라 10~20% 정도 차이가 있다. 해마는 생존에 필요한 정보인가 아닌가를 판단해서 생존에 필요한 것만 기억하고 그렇지 않은 것은 버린다. 그래서 공부를 할 때, 이것이 생존에 관계가 있는 것이라고 생각하면 공부는 훨씬 쉬워진다.

해마는 감정을 담당하는 편도체 옆에 있기 때문에 서로 긴밀한 교류를 하고 있다. 좋아하는 것을 판단하는 기능을 하는 것도 편도체이다. 그래서 좋아하는 것이 잘 외워지는 것도 편도체를 활성화시키면 해마도 활성화되기 때문에 가능한 이야기다.

좋아하면 잘할 수 있는 것은 편도체를 활성화시켜 결국 감정을 풍부하게 만든다. 그래서 우리가 좋아하는 음악을 듣거나, 연애를 하거나, 좋아하는 그림을 그린다든가 하는 일은 이른바 정서 교육의 중요성을 보여주는 예이다.

▪▪ 해마는 공간 정보에 의해 쉽게 자극받는다

해마는 머릿속으로 상상만 해도 공간 자극을 받는다. 방 한쪽 구석으로 옮겨지는 것만으로도 해마는 자극을 받는다. 그래서 해마는 여행을 많이 하는 것만큼 실제로 좋은 자극은 없다.

"귀한 자식일수록 여행을 많이 보내라."는 말이 있듯이 여행을 많이 하면 해마에 신선한 자극을 받아 발달한다. 어린 자녀는 귀찮다고 집에 놔두고 부부만 여행하는 것은 아이의 뇌 발달을 막는 길이다. 인터넷 공간은 오감 중 시각과 청각 자극만이 이루어진 세계라서 도움이 안 된다.

뇌는 자극을 원한다. 아무런 자극이 없는 방에 2~3일 동안 방치하면 뇌는 환각이나 환청을 만들어낸다. 또한 항상 고정된 시각으로 같은 것을 보는 일도 뇌는 견디지 못한다. 사람은 새로운 자극이 없는 곳에서 살기 어렵다. 뇌는 보는 것으로 자극이 있는 쪽으로 향하기 마련이다.

▪▪ 기억은 뇌의 여러 장소에 축적된다

예를 들면 최초 30초~1분 동안 저장하는 것은 두정엽의 기능이며, 날마다 생활하는 정보, 즉 물건을 사고 난 후 거스름돈을 계산하며 기억한다든가, 음식점에 가서 여러 사람이 주문한 내용을 기억한다든가, 전화번호를 받아 적지 않고 기억한다든가, 카드기에서 카드를 넣고 돈을 찾고 난 뒤에 다시 카드를 잊지 않고 찾는 기억은 모두 작업 기억이라고 하는데

이는 전두엽의 기능 중 하나이다.

뿐만 아니라 국, 냄비를 가스 불에 올려놓았을 때 갑자기 걸려온 전화를 받고 난 뒤에 가스 불에 올려놓은 냄비를 기억하는 것도 모두 작업 기억이다. 일상적인 대화에서 상대방이 말한 것을 기억했다가 거기에 맞추어 대화를 하는 것도 작업 기억이며, 이 기억은 그 자리에서 소멸된다는 것이 특징이다. 어제 점심밥 먹은 것을 그냥 잊어버리는 것과 같다.

어제 먹은 것은 잊어버려도 오래전 기억으로 저장된 추억은 잊어버리지 않는다. 자주 가는 거래처 번호는 자기도 모르게 외워져 장기 기억이 된다.

군 생활한 사람은 군번을 자꾸 외우다 보니 잊지 않고 장기 기억이 된다. 주민등록번호도 늘 외우다 보니 장기 기억이 된다. 이러한 장기 기억은 측두엽의 기능이다.

▪ 절차 기억은 소뇌에 축적된다

장기 기억 중 절차 기억은 암묵 기억, 신체 기억이라고 부르기도 한다. 어릴 때 배운 자전거 타는 법이나 수영하는 방법, 자동차 운전, 악기 연주, 피아노 치는 것 등은 몸으로 기억되어 5년, 10년의 공백이 있어도 결코 잊어버리지 않는다.

몸으로 하는 기억을 절차 기억이라고 한다. 시험공부, 수학 공식이나 화학 기호를 외울 때는 지식(머리)으로 기억하는 느낌이 드는데, 이것은 서술 기억 또는 외현 기억이라는 장기 기억이다.

해마의 신경세포가 감소하면 기억장애가 시작되고 치매가 진행될 수 있으므로 중·장년기에는 더욱더 운동이나 충분한 수면으로 뇌를 보호하는 일이 중요하다. 결국 기억은 뇌로 하는 것이다.

행복한 뇌,
세로토닌 찬가

갤럽 조사에 의하면 전 세계에서 가장 행복함을 느끼는 국민은 덴마크인 것으로 알려져 있다. 그 다음은 핀란드, 노르웨이, 네덜란드 등 북유럽 국가들이 4위 안에 들고, 캐나다, 스위스 스웨덴, 뉴질랜드, 호주, 아일랜드가 5~10위로 차지했다. 156개국의 조사 대상국 중에서 미국은 11위를 차지했으며, 한국은 56번째였다.

몇 해 전 인기 야구인이던 조성민 씨는 여러 가지 사업의 실패와 연인마저 떠나자 스스로 목숨을 버렸다. 참 불행한 사건이다. 그의 전 아내와 처남도 모두가 39세에 세상을 스스로 떠났으니 한 가족의 몰락사를 보며 많은 분들이 슬픔과 불행을 경험했다.

연예인이나 인기스타들의 자살은 곧 모방 자살로 이어져 수많은 사람들이 그것을 모방해 스스로 목숨을 끊는 불행의 악순환을 본다. 이런 것을 가리켜 베르테르 효과라고 부른다.

세상을 살아가면서 불행한 사건은 누구나 경험한다. 좌절하고 실망하며 상실을 경험하는 일은 누구에게나 있다. 그런데 왜 그들은 자살이라는 마지막 선택을 해야 하는가? 모든 행동은 사고의 선택에 달려있다. 부정적 생각은 부정적인 행동과 감정을 일으키게 된다.

앞에서도 많이 거론한 것처럼 우리 뇌의 행복 물질을 생산하는 세로토닌을 많이 활성 분비하도록 한다면 우리는 불행하지도 않고 행복을 느끼며 살아갈 것이다.

계절적으로 볼 때 일조량이 적어지는 겨울이 되면 우울해져서 자살 소동이 많이 일어난다. 그 이유는 구름이 끼고 비가 오는 날에는 세로토닌 분비가 더욱 안 되는데, 그럴 때 술까지 먹으면 세로토닌은 더더욱 생성되지 않는다.

▪ 세로토닌은 뇌 속의 지휘자

뇌에는 뇌간이라는 곳이 있는데, 세로토닌 신경은 이곳의 가운데 있는 봉선핵에 위치하며 그 수는 수만 개에 불과하다. 이는 뇌 전체 신경세포의 수가 150억 개인 것에 비하면 아주 적은 수이지만 세로토닌은 뇌 전체에

광범위한 영향을 미친다.

하나의 세로토닌이 만 단위를 넘는 신경을 상대로 하는 모습은 마치 오케스트라의 지휘자가 지휘봉을 휘두르고 각 파트 연주자로 하여금 곡 전체 분위기를 형성하게 만드는 것과 비슷하다. 세로토닌은 지휘자로서 뇌 전체 분위기를 만들어 내며 의식(각성) 수준이나 건강 상태들을 연출하는 기능을 가진다.

아침이 되면 세로토닌은 교감신경을 적절히 활성화시켜 몸을 각성 상태로 만들며 행복한 하루를 주도한다. 세로토닌 신경은 뇌 전체에 축색돌기를 보내고 있기 때문에 세로토닌 분비 작용이 뇌 전체에서 일어나 뇌 속의 세로토닌 농도가 일정한 수준으로 유지된다.

그러나 세로토닌 신경이 약하면 아침이 되어도 잘 일어나지 못하는 자율신경실조증이 나타난다. 이는 사소한 일에도 흥분하기 쉽고 밤에 잠을 잘 자지 못해 아침에 일어나지 못하는 악순환을 반복한다. 이러한 하루의 사이클을 끊기 위해 세로토닌 신경을 잘 단련시켜야 한다.

자살한 사람들은 대부분 세로토닌이 부족하다. 세로토닌이 충분히 분비된 사람이 자살한 경우는 아직까지 한 명도 없다. 또한 세로토닌 분비는 남자가 여자보다 두 배나 빠르다.

뇌도
변할 수 있다

　　뇌도 변할 수 있다. 근육 운동을 하면 알통이 생기는 것처럼 뇌도 자극을 주면 알통 비슷한 것이 생기게 된다. 이것을 소위 '뇌 알통 이론'이라고 하는데, 이것은 뇌의 가소성(Brain Plasticity)으로 인해 가능한 일이다.

　　인간의 두뇌는 0〜8세 사이 80%가 폭발적으로 발달하고, 인간의 기억력은 12〜17세 사이 절정기에 이른다. 그렇다면 청소년기를 한참 지나버린 성인기에서는 더 이상의 두뇌 발달도, 기억력 향상도 기대할 수 없는 걸까?

솔직히 1970년대까지만 해도 뇌 과학자들은 그렇게 믿었다. 나이가 들어 신체가 늙어가듯 뇌도, 기억력도 늙어간다고 생각했다. 하지만 지금은 다르다.

삼성서울병원 신경과 나덕렬 교수는 열심히 운동하면 근육과 체력을 키워 신체의 나이를 늦출 수 있는 것처럼 뇌도 자극을 많이 줄수록 늙지 않는다고 말한다.

뇌의 가소성이란 무엇을 듣고, 행동하고, 생각하느냐에 따라 뇌 세포가 변하는 것을 의미한다.

최근 연구에 의하면 많은 자극과 훈련으로 뇌를 활성화할수록 뇌 세포 수가 증가하고 뇌 세포 간의 연결고리가 늘어난다는 사실이 속속 밝혀지고 있다. 이처럼 뇌의 변화는 청소년기를 지난 성인은 물론 고령의 노인에게까지도 일어난다.

▪ 뇌의 변화는 나이에 차별이 없다

뇌 가소성 연구의 선구자인 캐나다의 브라이언 콜브 박사는 쥐 실험을 통해 나이가 들어도 뇌 세포가 변한다는 사실을 일찍이 보고 했다. 콜브 박사의 실험대상은 나이 든 쥐였다.

나이 든 쥐의 등을 매일 붓으로 반복해서 쓰다듬어 주었다. 며칠 후 쥐의 뇌 세포를 현미경으로 관찰하니 나무에서 새순이 돋아나듯이 뇌 세포의 수상돌기에 가지가 늘어나 있었다. 뇌의 유연성은 동물에만 있는 것이 아니다.

2000년 영국 런던대 인지신경학자 엘리너 맥과이어(Eleanor McGuire) 박사
는 런던 택시 운전사와 일반인의 뇌를 비교, 분석해봤다.

그 결과, 택시 운전사의 해마가 일반인의 것보다 월등히 컸다. 또한 택
시 운전사 중에서도 운전 경력이 많을수록 해마의 크기가 큰 편이었다.
매일 반복되는 길 찾기 활동으로 뇌가 변화된 것이다.

또한 2004년 과학 전문지 '네이처(Nature)'에 실린 연구 또한 뇌의 가소
성을 말해준다. 20대 성인 몇 명에게 저글링을 3개월 동안 연습시킨 후
연습 전과 후의 뇌 사진을 각각 찍어 분석했다.

이들은 모두 이전에 저글링을 해본 적이 없는 사람들이었다. 분석 결과,
연습 후 뇌 피질의 두께가 두꺼워져 있었다. 이론상 뇌 발달이 이미 끝난
나이지만, 유용한 자극을 주었더니 뇌 세포의 신경다발이 두꺼워지고 길
이가 길어지듯 변화가 생긴 것이다.

노력하지 않으면 다른 사람보다 더 빨리 몸이 늙는 것처럼 뇌도 빠른
속도로 늙는다. 가만히 있으면 뇌 세포 수는 40세 이후 10년에 5%씩 줄
어든다.

▋ 사용해라! 그렇지 않으면 뇌를 잃어버릴 것이다

하루에 사라지는 뇌 세포 수는 평균 136만 개라고 한다. 이렇게 많은
뇌 세포가 사라지는데도 자각하지 못하는 것은 일반적으로 사용하지 않아

필요 없는 뇌 세포가 줄어들기 때문이다. 만약 우리가 최대한 많은 뇌 세포를 사용한다면 나도 모르는 사이에 뇌 세포가 사라지는 것을 막을 수 있다.

뇌 연구의 국내 최고 권위자인 서울대 의학대학 서유헌 교수는 누군가 머리가 좋아지는 법, 기억력이 좋아지는 법에 대해 물으면 "사용해라! 그렇지 않으면 뇌를 잃어버릴 것이다. Use the brain or lose it."라고 말하곤 한다.

기억력이 사라지는 것을 막으려면 뇌가 좋아하는 어떤 훈련이 필요하다는 뜻이다. 기억력은 구멍 난 항아리에 담긴 물처럼 시간이 흐를수록 서서히 줄어들기 마련이다. 구멍을 막으려고 노력하지 않는 한, 누구도 예외일 수 없다는 것을 반드시 기억해야 한다.

치유상담 전문가 손매남 박사의

뇌를 알면 행복이 보인다

| 저　　자 | 손매남
| 감　　수 | 임춘식

| 인　　쇄 | 2015년 10월 19일
| 발　　행 | 2015년 10월 25일
| 발 행 인 | 최영민, 김성민

| 발 행 처 | 피앤피북 PASS & PASS BOOKS

| 주　　소 | 경기도 파주시 회동길 325-22(서패동)
| 전　　화 | 070-8892-2277, 8
| 팩　　스 | 031-8071-8880
| e – mail | pnpub@naver.com
| 출판등록 | 2015년 3월 27일
| 등록번호 | 제406-2015-31호

| ISBN | 979-11-955332-5-1
| 정 가 | 17,000원